Berni Spürnase

Wolfgang Endres

Loewe Lerngeschichten

Rechnen mit Spaß

1. Klasse

mit Zeichnungen von
Markus Olivieri

Loewe

CIP-Titelaufnahme der Deutschen Bibliothek

Endres, Wolfgang:
Loewe Lerngeschichten / Wolfgang Endres.
Bindlach: Loewe.
Früher u.d.T.: Endres, Wolfgang: Leselöwen-Lerngeschichten
Rechnen mit Spaß: 1. Klasse
1. Auflage 1990
ISBN 3-7855-2338-6

ISBN 3-7855-2338-6 – 1. Auflage 1990

Umschlagzeichnung: Markus Olivieri
Umschlagtypographie: Creativ GmbH Kolb, Leutenbach
Satz: Fotosatz Leingärtner, Nabburg
Druck: ZUMBRINK Druck GmbH, Bad Salzuflen
Printed in Germany

Meine schönsten Rechentage

Macht dir Rechnen Spaß? Mir fällt es noch schwer. Aber ich will es lernen.

Deshalb gehe ich in die Schule. In die SPUREN-SUCHER-SCHULE. Hier kann ich lernen, wie ich ein guter Detektiv werde. Und gute Detektive müssen auch gut rechnen können.

Was willst du einmal werden? Weißt du es schon? Na, du hast ja noch viel Zeit. Du kannst es dir noch lange überlegen. Aber eines weißt du vielleicht heute schon: Wer etwas zählen will, muß rechnen können. Und ich verspreche dir: „Mit mir kannst du immer rechnen!“

Ach so, ich habe dir noch gar nicht gesagt, wer ich bin. Berni Spürnase ist mein Name. Ich bin in der ersten Klasse. Und ich möchte dir zeigen, was wir bisher in Rechnen gelernt haben. Jeden Tag haben wir eine andere Überraschung erlebt. Darf ich dir meine schönsten Rechengeschichten erzählen?

Damit es auch schön spannend bleibt, habe ich die Lösung der Rechenaufgaben versteckt. Wenn du gut mitrechnest, findest du sie selbst heraus. Mit der roten Lupe kannst du dann dein Ergebnis mit meiner Lösung vergleichen.

Jetzt wünsche ich dir viel Spaß mit meinen zehn schönsten Rechentagen.

1. Tag: Ein toller Würfelspaß

Schon an meinem ersten Schultag gab es eine schöne Überraschung. Ich packte nachmittags meine Schultüte aus und fand ein großes Päckchen. Es war eingepackt in wunderschönem Geschenkpapier. An der Seite hing dieser Zettel:

Ein lustiges Würfelspiel für zwei

Zum Spiel gehören:
1 Würfel
12 Halma-Kegel oder Mensch-ärgere-dich-nicht-Figuren in zwei verschiedenen Farben, z.B. 6 blaue und 6 rote

Sucht euch eine Farbe aus.
Wer als erster eine Eins würfelt, fängt an und setzt ein Figürchen.
Dann wird abwechselnd gewürfelt. Nach jedem Wurf stellt man eines der Figürchen auf ein Feld, wo genausoviel Tiere oder Sachen abgebildet sind, wie man Punkte gewürfelt hat.
Die Felder dürfen nicht doppelt besetzt werden.
Gewonnen hat, wer als erster alle Figürchen gesetzt hat.

Ich suchte einen Würfel und passende Figürchen. Endlich hatte ich sechs grüne und sechs gelbe gefunden. Weil ich gerade alleine war, spielte ich gegen mich selbst. Ich nahm die gelben und gab meinem Gegenspieler die grünen Figürchen.

Spielst du mit? Nimmst du die grünen Männchen? Dann schau mal, wer von uns beiden als erster alle seine Figürchen gesetzt hat.

Das sind die Würfe:

Bernis Würfe:	2	5	1	3	6	5	3	4	5	1	5
Deine Würfe:	3	4	6	5	5	1	2	3	6	3	2

Wer gewinnt diese Runde? Denke an die Spielregel:
„Wer als erster eine 1 würfelt, fängt an!“

Hier beginnt das Spiel — schon belegt — schon belegt

Bernis Würfe: 2 5 1 3 6 5 3 4 5 1 5

Deine Würfe: 3 4 6 5 5 1 2 3 6 3 2

Spielbeginn für dich — schon belegt — 6. (letzte) Figur

Erst nach dem Spiel fiel mir das Päckchen aus der Schultüte wieder ein. Weißt du, was in dem Päckchen war? Ein Würfel und zwölf Figürchen, sechs blaue und sechs rote. – Und ich hatte meine ganze Hütte auf den Kopf gestellt!

2. Tag: Eine schöne Erfrischung

Unsere Lehrerin heißt Missis Mops. Und wie ein Mops sieht sie auch aus. Sie ist klein und rund und sehr nett.

Am zweiten Tag kam sie in die Klasse und sagte: „Meine lieben kleinen Spürnasen, heute sollt ihr ein paar Sachen suchen. Wer sie findet, bekommt zur Belohnung eine schöne Erfrischung.“

Sie drückte jedem von uns drei Rechenblätter in die Pfoten.

Dazu erklärte sie: „Einige Kreuzchen auf dem Blatt sollt ihr durch Striche verbinden. Ich sage euch jedesmal, wieviel Kreuzchen ihr machen und auch in welche Richtung ihr gehen sollt. Wir beginnen bei dem kleinen Kreis."

Wenn du mit uns üben willst, malst du dir am besten Kreuzchen auf ein Rechenblatt. Immer sechs in einer Reihe, sechs Reihen untereinander. Du mußt nur aufpassen, daß der kleine Kreis an der richtigen Stelle steht.

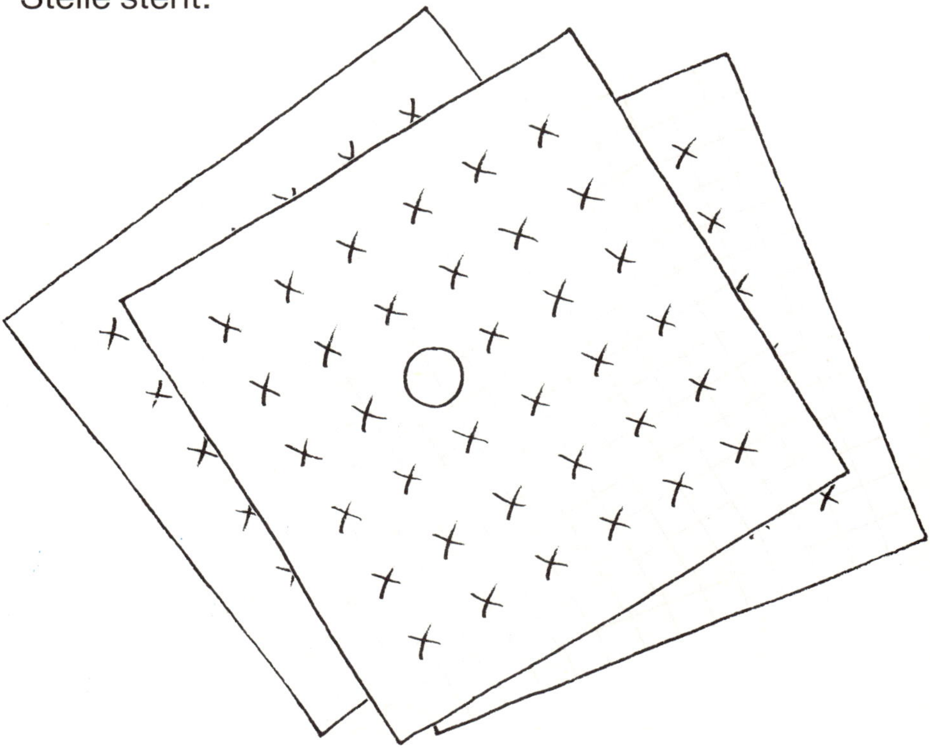

Und so findest du die erste Spur:

1. Vom Kreis aus zeichnest du genau nach oben bis zum nächsten Kreuzchen
2. zwei Kreuzchen nach links
3. ein Kreuzchen nach oben
4. fünf Kreuzchen nach rechts
5. ein Kreuzchen nach unten
6. zwei Kreuzchen nach links
7. vier Kreuzchen nach unten
8. ein Kreuzchen nach links
9. drei Kreuzchen nach oben

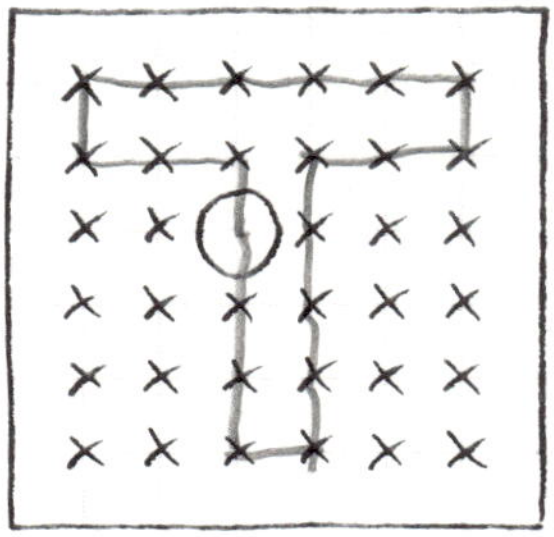

Das ist die zweite Spur:

1. ein Kreuzchen nach rechts
2. ein Kreuzchen nach unten
3. ein Kreuzchen nach links
4. ein Kreuzchen nach unten
5. zwei Kreuzchen nach rechts
6. ein Kreuzchen nach unten
7. drei Kreuzchen nach links
8. fünf Kreuzchen nach oben
9. drei Kreuzchen nach rechts
10. ein Kreuzchen nach unten
11. zwei Kreuzchen nach links
12. ein Kreuzchen nach unten

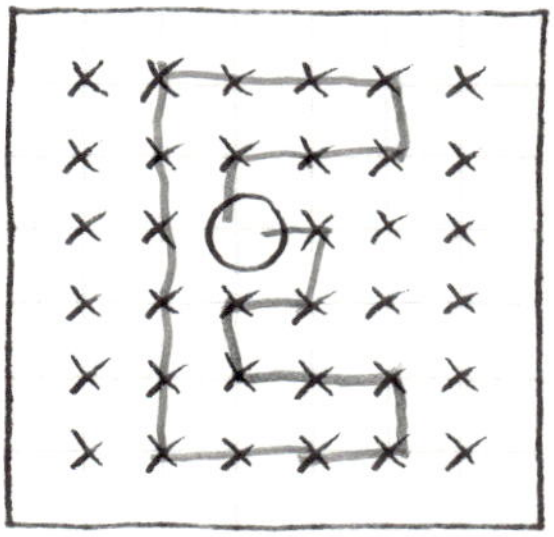

Und so legte Missis Mops die dritte Spur:

1. zwei Kreuzchen nach oben
2. drei Kreuzchen nach rechts
3. ein Kreuzchen nach unten
4. zwei Kreuzchen nach links
5. ein Kreuzchen nach unten
6. ein Kreuzchen nach rechts
7. ein Kreuzchen nach unten
8. ein Kreuzchen nach links
9. ein Kreuzchen nach unten
10. zwei Kreuzchen nach rechts
11. ein Kreuzchen nach unten
12. drei Kreuzchen nach links
13. drei Kreuzchen nach oben

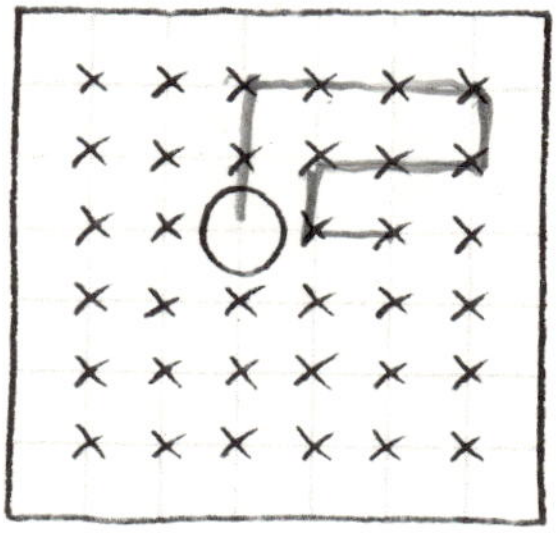

Hast du die drei Spuren gefunden? Schau mal durch die rote Lupe.

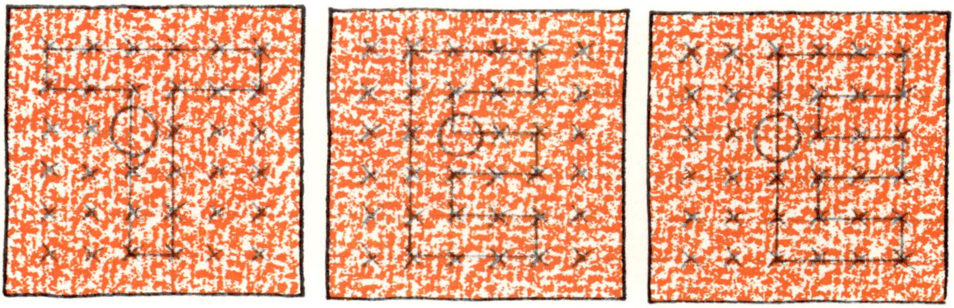

Das also war die schöne Erfrischung. Dabei mag ich überhaupt keinen Tee. Ich mag viel lieber Milch.

Und du? – Was trinkst du am liebsten?

3. Tag: Ein lustiges Sägewerk

Am dritten Tag machten wir einen Besuch bei Meister Holz. Die große Säge in seiner Werkstatt stand still. Auch wir standen still und schauten dem großen Meister zu. Er hatte viele Bauklötze für uns zurechtgesägt. Missis Mops setzte fünf Klötze aufeinander. Ich durfte einen zweiten Turm bauen.

Dann malte Missis Mops zwei kleine Striche in den Holzstaub. Genau zwischen die beiden Türme.

Sie sagte dabei: „Fünf ist gleich fünf!“

Da setzte mein Schulfreund Bobbi noch drei Klötze auf den linken Turm und lachte. „Haha – und jetzt?“

Missis Mops ließ sich nicht aus der Ruhe bringen. Sie malte dieses Zeichen in den Staub: > . Und sie erklärte: „Acht ist größer als fünf."

Bobbi gab sich nicht geschlagen. Er setzte fünf Klötze auf den rechten Turm und lachte wieder. „Haha – und jetzt?"

Missis Mops schmunzelte und malte ein neues Zeichen: < . Sie sprach: „Acht ist kleiner als zehn."

Sie ließ uns jetzt viele neue Türme bauen. Immer zwei verschieden hohe nebeneinander.

Sie erklärte: „Schaut die beiden ersten Türme an. Hier muß es heißen: Sieben ist größer als drei. Und bei den nächsten beiden Türmen: Vier ist kleiner als acht. Was auf der linken Seite steht, muß ich immer als erstes nennen."

Und wir riefen die Vergleiche für die nächsten Türme im Chor: „Drei ist kleiner als neun!
Fünf ist kleiner als sieben!
Acht ist größer als sechs!"

Welche Zeichen würdest du zwischen diese Türme setzen? Mit der roten Lupe kannst du erkennen, was ich gemacht habe.

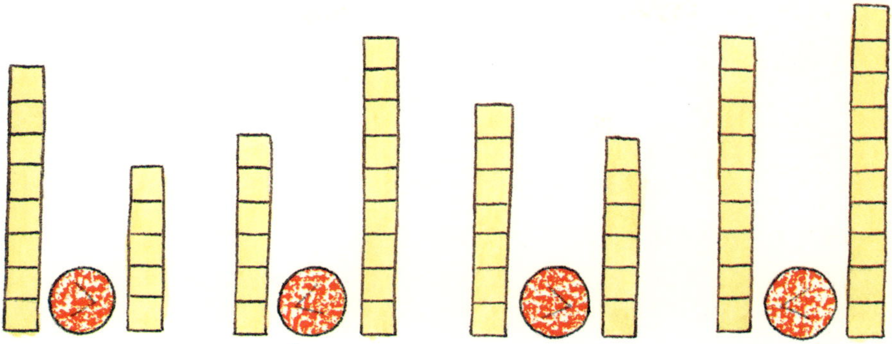

Welche Zeichen gehören zwischen die folgenden Zahlen?

Plötzlich erschraken wir. Hatte Meister Holz die große Säge eingeschaltet?

Aber nein! Mein Freund Bobbi lag in einem Haufen Sägespäne – und schnarchte fürchterlich.

4. Tag: Eine fesselnde Kettenaufgabe

Es war ein Freitag. Missis Mops hatte eine lange Kette um den Hals. Richtig vornehm sah sie aus. „Meine lieben kleinen Spürnasen", sagte sie, „heute kommen ein paar Kettenaufgaben an die Reihe."

Sie legte ihre Kette ab, nahm sie auseinander und gab jedem von uns ein solches Stück:

Jetzt sahen wir, daß es nur Büroklammern waren. Meine Kette hatte neun Stück.

„Macht zwei Ketten daraus“, hieß die erste Aufgabe.

Ich zerlegte die Kette in diese beiden Stücke:

Als nächstes sollten wir drei Ketten bilden.

Das war mein Ergebnis:

Missis Mops lächelte zufrieden und sagte: „Weiter so, Berni. Zerlege die Kette so oft wie möglich, und schreibe jedes Ergebnis auf.“

Ich ging ans Werk. Das war nicht einfach mit meinen dicken Pfoten. Ich legte die Teile immer wieder anders nebeneinander. Und ganz stolz notierte ich:

So ging es fast ohne Ende weiter. Erstaunlich, wie viele Namen die Zahl Neun hat. Jede Zeile ist ja wie ein anderer Name für die Zahl Neun. Ich konnte gar nicht alle Namen aufschreiben. Es waren so viele, daß mir schon bald der Kopf rauchte. Wahrscheinlich habe ich deshalb einige Fehler gemacht. Findest du sie heraus?

Welche Namen sind falsch? Welche Zeilen gehören überhaupt nicht zur Zahl Neun?

Mit der Lupe kannst du die falschen Namen erkennen.

3 + 3 + 2	5 + 1 + 1 + 2 + 1
8 + 2	1 + 2 + 3 + 4
2 + 3 + 2 + 1	

Bobbi hatte keine Lust zum Rechnen. Er hat nur überall Büroklammern eingesammelt und eine Riesenkette daraus gemacht. Mit dieser hat er meine linke Hinterpfote an das Stuhlbein gefesselt und lachend gesagt: „Jetzt weißt du auch, warum Kettenaufgaben so fesselnd sind!“

5. Tag: Ein buntes Hüttenfest

„Meine lieben kleinen Spürnasen“, fing Missis Mops schon wieder an, „heute machen wir ein kleines Hüttenfest.“ Sie hatte einen Handwagen vollgepackt mit Würsten und Kuchen, Brötchen und Schokolade, mit Tellern, Tassen und sogar Servietten.

So zogen wir fröhlich los.

In der Hütte wollten wir gleich den Tisch decken.

Da rief Missis Mops: „Halt, halt! Wir machen erst ein Rechenspiel. Ihr seid acht, und ich bin eine, also sind wir zusammen ...“

„Neine!“ rief Bobbi.

Selbst Missis Mops mußte lachen.

Sie malte solche Kästchen an die Tafel und schrieb in das untere Feld eine Neun:

Dann sollte ich vier Teller auf den Tisch stellen, und währenddessen sagte sie: „Als erstes bringt Berni vier Teller."

Dabei schrieb sie eine Vier in das linke Kästchen und fuhr fort: Und wieviel muß Bobbi nun noch holen?"

Bobby deckte fünf Teller auf. Missis Mops malte eine Fünf in das rechte Kästchen und sprach dabei: „Zuerst sind vier Teller auf dem Tisch, es kommen fünf dazu, dann sind es insgesamt neun."

So wiederholte sie es bei allen Sachen, die wir brachten. „Zuerst sind es ..., es kommen ... dazu, dann sind es insgesamt ..."

Findest du heraus, was sie jedesmal in das rechte Kästchen schrieb?

Du schaust doch sicher erst durch die Lupe, wenn du selbst gerechnet hast, nicht wahr?

4
9

In den nächsten Kästchen siehst du, wieviel Sachen jedesmal hinzugekommen sind. Kannst du ausrechnen, wieviel es zuerst waren?

Und kannst du sagen, was in den nächsten Feldern unten dann insgesamt stehen muß?

Übrigens, das eben waren die Lebensmittel: Würste, Kuchen, Schokolade. Da muß wohl einiges verschwunden sein …

Trotzdem wurden wir alle satt.

Zum Schluß bekamen wir noch mal ein paar Aufgaben. Kannst du sie auch ohne Lupe lösen?

Als unser Hüttenfest zu Ende war, setzten wir Missis Mops in den Handwagen und zogen sie nach Hause.

6. Tag: Ein liebes Briefchen

Am nächsten Tag bekamen wir alle einen Brief von Missis Mops. Ich war gespannt, was sie mir wohl geschrieben hatte. Schnell öffnete ich den Umschlag, nahm den Brief heraus und faltete ihn auseinander. Ja, was war denn das? Wie Schneeflocken rieselten viele kleine Zettel auf meinen Tisch.

Ich wunderte mich. Das war wieder typisch Missis Mops. Genauso wie die Anrede: „Meine lieben kleinen Spürnasen!“ Die gute Missis hat wohl noch nicht gemerkt, daß ich einen Riecher habe, so groß wie eine Pampelmuse.

und
bei
die
als
7+2
steht.

Meine lieben kleinen Spürnasen!

Ihr habt gestern in der Hütte prima mitgemacht. Darüber habe ich mich sehr gefreut. Auch der Heimweg war lustig. Doch heute tun mir alle Knochen weh. Wie die Wilden seid Ihr mit mir über Stock und Stein gesaust. Es holperte und polterte, es rumpelte und pumpelte, daß ich hinterher nur noch humpelte. Deshalb kann ich heute nicht zur Schule kommen. So habe ich Euch ein paar Rechenaufgaben aufgeschrieben. Rechnet sie der Reihe nach aus; zu jedem Ergebnis findet Ihr einen Zettel. Jedes Ergebnis kommt übrigens zweimal vor. Ihr müßt schauen, daß die Zettel so zusammenpassen:

Ihr findet dann einen Satz mit einem guten Tip. Wenn wir später mit noch größeren Zahlen rechnen, werdet Ihr diesen Tip sehr gut gebrauchen können.
Viel Spaß und liebe Grüße

Missis Mops

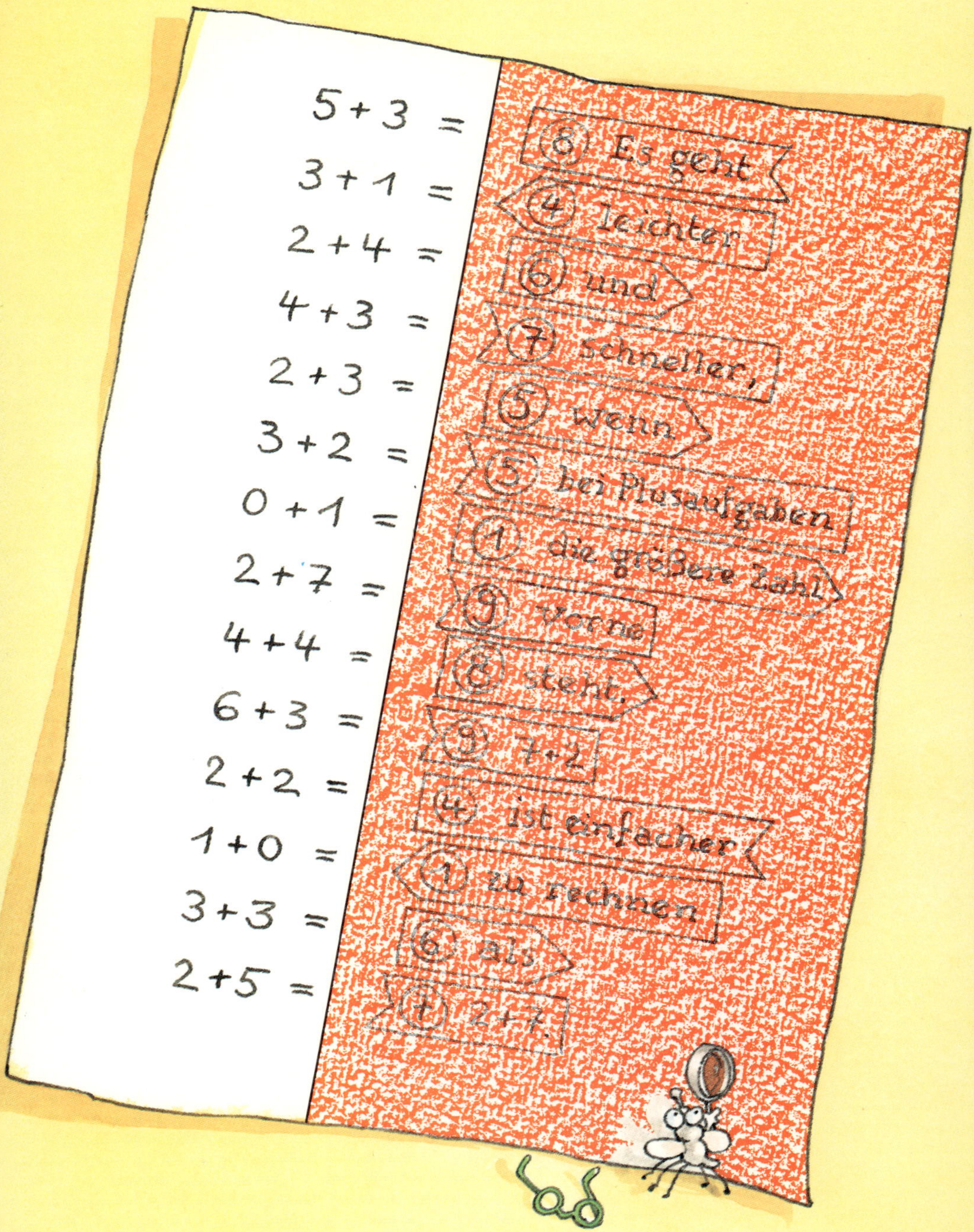
5 + 3 =
3 + 1 =
2 + 4 =
4 + 3 =
2 + 3 =
3 + 2 =
0 + 1 =
2 + 7 =
4 + 4 =
6 + 3 =
2 + 2 =
1 + 0 =
3 + 3 =
2 + 5 =
8 Es geht
4 leichter
6 und
7 schneller,
5 wenn
5 bei Plusaufgaben
1 die größere Zahl
9 vorne
8 steht.
9 7+2
4 ist einfacher
1 zu rechnen
6 als
7 2+7.

Als ich fertig war, habe ich noch zwei kleine Herzen in den Brief gemalt.

Jetzt war es wirklich ein liebes Briefchen …

7. Tag: Ein spannender Kegelnachmittag

Missis Mops war wieder da. Sie malte mit Kreide zwei lange Striche auf ihr Pult. Am einen Ende stellte sie neun Buntstifte wie kleine Kegel dicht nebeneinander und hintereinander auf. „Das ist unsere Minikegelbahn“, sagte sie und nahm einen kleinen Gummiball aus ihrer Tasche. Sie legte ihn auf die Startlinie ihrer Kegelbahn. Sie zielte auf die Buntstifte und gab dem Ball einen kräftigen Schubs.

Fast alle Buntstifte purzelten um. Nur zwei blieben noch stehen. Stolz ging sie zur Tafel und schrieb an:

Dabei sagte sie: „Zuerst sind es neun, deshalb schreibe ich als erstes neun. Dann kommt etwas weg. Dafür setze ich den kleinen Strich. Als nächstes schreibe ich auf, wieviel wegkommt. Was dann noch übrigbleibt, ist das Ergebnis. Also: 9 weg 7 ist gleich zwei! Das ist eine Wegaufgabe. Der kleine Strich ist ein Minuszeichen. Deshalb können wir auch Minusaufgabe sagen. Das klingt etwas vornehmer."

Danach durften wir alle selber kegeln. Missis Mops schrieb jeden Wurf auf. Sie zählte aber nur die Stifte, die stehenblieben. Wir mußten selbst ausrechnen, wie viele jedesmal umfielen. Rechnest du mit?

Den letzten Wurf hatte … Nein, das verrate ich lieber nicht.

Beim nächsten Spiel stellte Missis Mops vor jedem Wurf verschieden viele Stifte hin. Findest du heraus, wieviel es jedesmal waren? Übrigens, bei Minusaufgaben steht die größte Zahl vorne.

Zum Schluß sollten wir alle zur Belohnung ein Stückchen Schokolade bekommen. Aber zwei Stücke waren schon weg. Auf der Tafel stand:

Wer das wohl wieder war?

8. Tag: Ein kerniges Rechenspiel

„Heute dürft ihr Nüsse knacken“, sagte Missis Mops und gab jedem von uns eine Pfote voll Erdnüsse.

Sie legte ein großes Blatt mit vielen Rechenaufgaben auf den Boden. Alles war schon ausgerechnet. Nur die Plus- und Minuszeichen fehlten überall. An diesen Stellen war nur ein Kreis aufgemalt!

„Setzt in jeden Kreis eine Erdnuß“, sagte Missis Mops, „dann kann das Spiel beginnen.“

Wir lagen um das Blatt herum auf dem Bauch und hörten Missis Mops aufmerksam zu.

„Wer als erster weiß, welches Zeichen in den Kreis gehört, darf die Erdnuß knabbern.“

Willst du mitknabbern?

8 3 = 5
6 2 = 8
7 4 = 3
3 2 = 1
5 3 = 2
5 3 = 8
2 3 = 5
9 6 = 3
6 3 = 9
5 = 3
8 - 3 = 5
6 + 2 = 8
7 - 4 = 3
3 - 2 = 1
5 - 3 = 2
5 + 3 = 8
2 + 3 = 5
9 - 6 = 3
6 + 3 = 9
8 - 5 = 3

Bobbi hat uns fast alle Erdnüsse vor der Nase weggeknabbert.

Plötzlich fiel mir der Kegelnachmittag wieder ein: „Bei Minusaufgaben steht die größte Zahl vorne.“ Und wo steht sie dann bei Plusaufgaben?

Jetzt hatte ich den Trick heraus. In der nächsten Runde war ich der Knabberkönig.

Steht die größte Zahl ganz rechts, ist es eine Plusaufgabe.

Bobbi hatte keine Lust mehr. Er sammelte die Erdnußschalen und schüttete sie heimlich in die Aktentasche von Missis Mops – so dachte er. In Wirklichkeit stopfte er alles in die Tasche, die daneben stand – und das war sein Schulranzen.

9. Tag: Ein munteres Gummibärchenhüpfen

„Die Gummibärchen dürft ihr noch nicht aufessen. Wir brauchen sie für ein lustiges Spiel." Das sagte Missis Mops, während sich jeder von uns ein Gummibärchen aus der Tüte nehmen durfte.

Ich suchte mir ein knallrotes aus.

Missis Mops rollte ein breites Band aus.

21
20
19
18
17
16
15
14
13
12
11
10
9
START
8
7
6
5
4
3
2
1
AUS

„Jetzt gebt fein acht, setzt euer Gummibärchen auf Feld acht!“ Missis Mops gab uns einen Würfel und sprach weiter: „Die Jüngste fängt an. Ihr würfelt reihum und laßt das Gummibärchen dann soviel Felder weiterhüpfen, wie ihr Punkte gewürfelt habt. Wer sein Bärchen als erstes genau auf die Einundzwanzig hüpfen läßt, hat gewonnen und darf es aufessen.“

Colli, die Jüngste in unserer Klasse, würfelte zuerst eine Drei. Sie setzte ihr grünes Gummibärchen auf Feld elf.

Als ich an die Reihe kam, würfelte ich eine Fünf und ließ mein knallrotes Gummibärchen auf die Dreizehn hüpfen.

In der zweiten Runde würfelte Colli eine Fünf und ich eine Zwei.

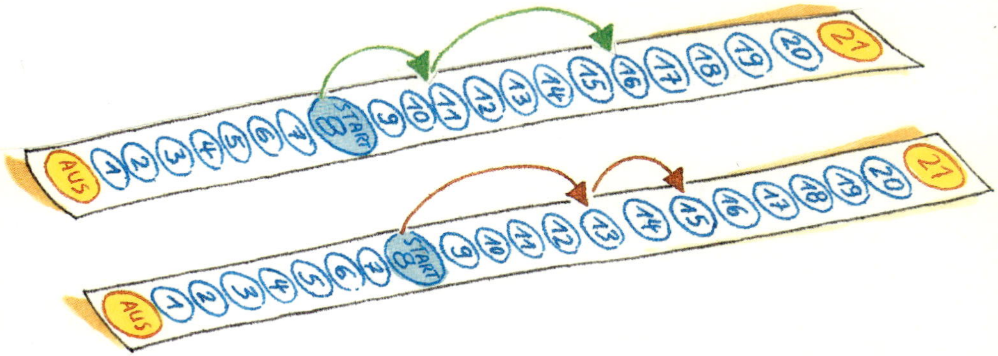

Vor der dritten Runde sagte Missis Mops: „Meine lieben kleinen Spürnasen, nun kommt etwas Besonderes. Der dritte Wurf zeigt an, wieviel Felder ihr zurückgehen müßt."

Bobbi brummte: „Wie gemein!" Er stand mit seinem gelben Bärchen schon auf der Zwanzig und hätte nur noch eine Eins gebraucht.

Colli würfelte eine Vier.

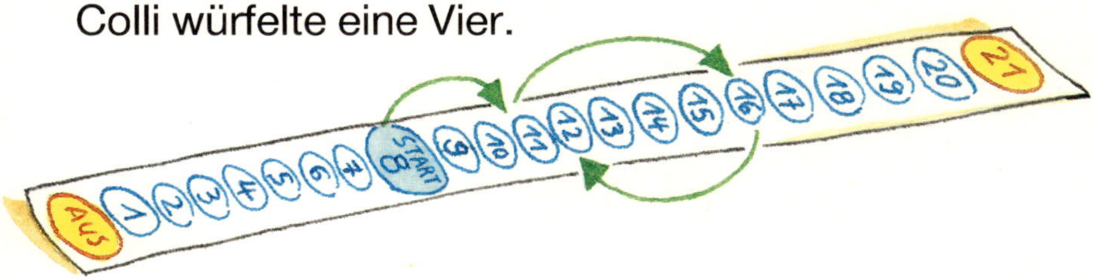

Und mein Würfel zeigte eine Sechs!

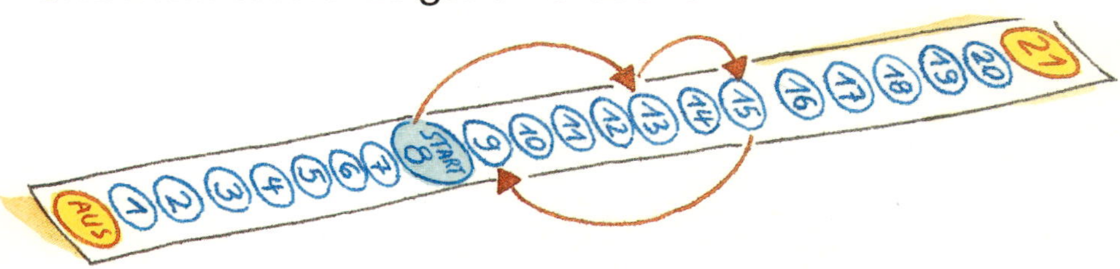

„So geht es munter weiter“, sagte Missis Mops. „Zweimal vor, einmal zurück.“

Sie schrieb alle Würfe an die Tafel. Kannst du ausrechnen, wer gewonnen hat? Wer genau auf die Einundzwanzig kam? Landete auch jemand im „Aus“?

(8+) 3 + 5 - 4 + 2 + 6 - 5 + 3 + 6

(8+) 2 + 5 - 3 + 6 + 2 - 1 + 3

(8+) 1 + 6 - 2 + 4 + 3 - 6 + 3 + 5

(8+) 2 + 1 - 6 + 3 + 2 - 5 + 4 + 4

(8+) 5 + 2 - 6 + 2 + 1 - 6 + 3 + 1

(8+) 6 + 6 - 5 + 3 + 1 - 6 + 4 + 3

(8+) 1 + 1 - 6 + 1 + 1 - 6

(8+) 6 + 3 - 4 + 5 + 1 - 6 + 5 + 2

(8+) 4 + 5 - 3 + 4 + 2 - 5 + 2 + 4

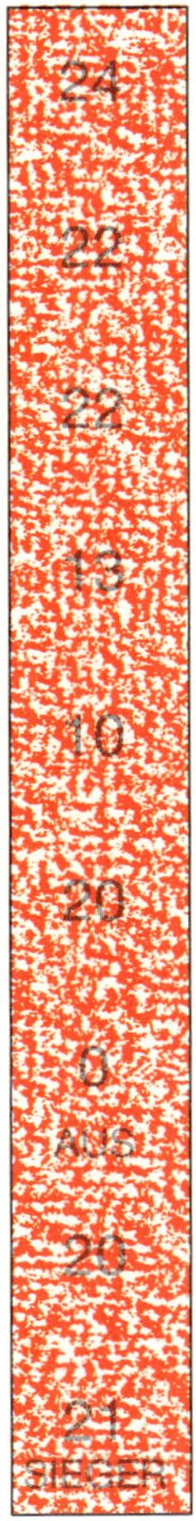

Hast du Lust, ein solches Gummibärchenhüpfspiel selber mal zu machen?

Übrigens durften wir alle unsere Gummibärchen essen. Und Trolli, der lustige Basset mit dem lila Bärchen, durfte als Sieger nochmals kräftig in die Tüte greifen.

10. Tag: Ein schwarzer Fleck

In einigen Tagen sollte ein großer Flohmarkt in der SPUREN-SUCHER-SCHULE stattfinden. Dort wollte Missis Mops mit unserer Klasse Buntstifte verkaufen. Wir brauchten sie nur noch in Mäppchen zu packen. Zehn Stifte in jedes Mäppchen.

Wir zählten und packten und zählten und packten. Zum Schluß blieben ein paar halbvolle und halbleere Mäppchen übrig. Missis Mops verteilte weitere Stifte, damit wir die Mäppchen auffüllen konnten.

Diesmal waren es zuviel Stifte. Das hatte Missis Mops doch absichtlich so eingeteilt! Sie wollte uns sicher wieder etwas vorrechnen.

Und richtig, sie schrieb für jeden von uns eine Aufgabe an die Tafel und erklärte dazu: „Seht ihr, meine lieben kleinen Spürnasen, wenn ihr zuerst bis zehn auffüllt, lassen sich diese Aufgaben ganz schnell und einfach lösen.“

Dann klappte sie die Tafel auf. „Diese Aufgaben könnt ihr bestimmt auch ohne Stifte ausrechnen, nicht wahr? Denkt daran: Zuerst die Zehner auffüllen!“

$9 + 9 = 9 + 1 + 8 = 10 + 8 = 18$

$8 + 4 = 8 + 2 + 2 = 10 + 2 = 12$

$5 + 7 = 5 + 5 + 2 = 10 + 2 = 12$

$7 + 6 = 7 + 3 + 3 = 10 + 3 = 13$

$8 + 8 = 8 + 2 + 6 = 10 + 6 = 16$

$6 + 5 = 6 + 4 + 1 = 10 + 1 = 11$

$4 + 9 = 4 + 6 + 3 = 10 + 3 = 13$

$8 + 7 = 8 + 2 + 5 = 10 + 5 = 15$

Missis Mops kam zu mir und sagte: „Berni, gib mir bitte sieben Stifte zurück.“

Ich gab ihr fünf einzelne und zog dann noch zwei aus dem Mäppchen.

Während sie mit den Stiften an die Tafel ging, erklärte sie: „Berni hatte fünfzehn Stifte. Ich wollte sieben. Er gab mir fünf und dann noch zwei. Jetzt hat er noch acht.“

Missis Mops schrieb die Rechnung an die Tafel:

Was fällt dir daran auf? Hast du entdeckt, daß auch bei größeren Minusaufgaben erst einmal bis zehn zurückgerechnet wird?

Diese Regel habe ich mir gleich in mein Rechenheft geschrieben:

Rechne zuerst auf den Zehner zurück!

Hast du Lust, noch ein bißchen mitzurechnen? Du wirst sehen, wenn du an diese Regel denkst, läuft es „wie geschmiert“. (Das sagt Missis Mops manchmal auch, wenn sie mein Rechenheft sieht …)

16 − 7 = 16 − 6 − 1 = 10 − 1 = 9
15 − 8 = 15 − 5 − 3 = 10 − 3 = 7
13 − 5 = 13 − 3 − 2 = 10 − 2 = 8
18 − 9 = 18 − 8 − 1 = 10 − 1 = 9
14 − 6 = 14 − 4 − 2 = 10 − 2 = 8
17 − 9 = 17 − 7 − 2 = 10 − 2 = 8
12 − 7 = 12 − 2 − 5 = 10 − 5 = 5
16 − 8 = 16 − 6 − 2 = 10 − 2 = 8

Während wir anderen fleißig rechneten, malte Bobbi mit den Buntstiften Aufgaben auf kleine Kärtchen.

In der großen Pause zeigte er uns stolz sein selbstgemachtes Kartenspiel. „Wer spielt eine Runde mit?" fragte er und erklärte die Regel: „Die Karten werden gemischt und verteilt, dann wird reihum gezogen. Wenn das Ergebnis auf zwei Kärtchen gleich ist, dürfen die beiden Kärtchen abgelegt werden. Ein Ergebnis kommt nur einmal vor. Wer diese Karte bis zum Schluß behält, hat den Schwarzen Peter. Alles klar?"

Wir spielten zu viert: Bobbi, Colli, Trolli und ich.

Findest du heraus, welche Karte der Schwarze Peter ist?

Weißt du, wer in unserer Runde den Schwarzen Peter hatte?

Na, schau mich mal an.

Loewe Lerngeschichten mit Berni Spürnase:

Diktate mit Spaß
Konzentration mit Spaß
Rechnen mit Spaß – 1. Klasse
Rechnen mit Spaß – 2. Klasse
Rechnen mit Spaß – 3. Klasse
Rechnen mit Spaß – 4. Klasse
Schreibenlernen mit Spaß – 1. Klasse
Rechtschreiben mit Spaß – 2. Klasse
Rechtschreiben mit Spaß – 3. Klasse
Rechtschreiben mit Spaß – 4. Klasse

Einsterns Schwester
leicht gemacht

2

Themenheft 4
Lesen

Herausgegeben von
Roland Bauer, Jutta Maurach

Erarbeitet von
Martina Schramm, Susanne Semelka

Cornelsen

Inhaltsverzeichnis

So kannst du mit den Heften arbeiten

Du machst alle
Seiten der Lernportion 1.

Zuerst im grünen Heft.

Dann im roten Heft.

Dann im gelben Heft.

Und dann im blauen Heft.

Danach machst du in
allen Heften die Lernportion 2.

Nun machst du in
allen Heften die Lernportion 3.

Genauso bearbeitest du
alle anderen Lernportionen.

1 Eine Wort-Bild-Geschichte lesen

1 Lies den Text.

Tim

Tim, der Neue in der Klasse

 ist in den Ferien umgezogen.

Jetzt geht er in eine neue .

Als der  klingelt, springt  aus dem .

Er zieht seine  und seinen  an

und läuft in die Küche.

Nach dem  putzt sich 

die  und kämmt seine .

Er zieht schnell die  über

und setzt seine  auf.

Dann geht es los!

 möchte nicht zu spät kommen.

2 Lest euch den Text gegenseitig vor.

1 Sätze und Bilder verbinden

1 Lies die Sätze.

Wo man lesen kann

Fabian liest gerne auf dem Sofa.

Juri liest gerne unter der Decke.

Lola liest gerne im Liegestuhl.

Lena liest gerne am Tisch.

Tom liest gerne auf dem Klo.

2 Verbinde jeden Satz mit dem passenden Bild.

3

1 Zu Bildern passende Sätze auswählen

1 Verbinde jedes Bild mit dem passenden Satz.

Die Katze frisst Fleisch.

Die Katze frisst Fisch.

Die Spinne spinnt ein Netz.

Die Spinne sitzt im Nest.

Der Vogel hüpft von Mast zu Mast.

Der Vogel hüpft von Ast zu Ast.

Der Hase sitzt auf der Wiese.

Der Hase flitzt über die Wiese.

Der Käfer knabbert an einem Blatt.

Der Käfer krabbelt auf einem Blatt.

Der Elefant hebt seinen Rüssel.

Der Elefant trinkt aus der Schüssel.

1 Zungenbrecher sprechen

1 Lies die Zungenbrecher erst leise und dann laut.
Übe, sie ohne Fehler zu lesen.

Zehn Ziegen zogen zehn Zentner Zucker zum Zoo.

Hexen hacken häufig heftig Holz.

Es klapperten die Klapperschlangen,
bis die Klappern schlapper klangen.

Fischers Fritze fischte frische Fische.

Blaukraut bleibt Blaukraut
und Brautkleid bleibt Brautkleid.

Auf dem Rasen
rasen Hasen,
atmen rasend
durch die Nasen.

Klitzekleine Kinder können
keinen Kirschkern knacken.

2 Suche dir einen Zungenbrecher aus.
Sprich ihn einem Kind vor.

1 Stolperwörter in Sätzen finden

1 In jedem Satz ist ein Wort, das nicht passt.
Streiche dieses Wort durch.

1 Autos haben ~~Katzen~~ vier Räder.

2 Wir fahren in einem Bus zur Schule Himmel.

3 Ein Baum Flugzeug kann über den Wolken fliegen.

4 Ein ICE hat an beiden Enden eine Lok Schnecke.

5 Wenn es dunkel ist, muss am Fahrrad das Licht Klingel an sein.

6 Motorradfahrer müssen Besen einen Helm tragen.

7 Der Chef auf einem Schiff Hupe heißt Kapitän.

8 Ein Uhr Hubschrauber kann in der Luft stehen.

2

1 Stolperwörter in Absätzen finden

1 In jedem Absatz ist ein Wort, das nicht passt.
Streiche es durch.

1 

Sport war toll.
Wir durften von Kasten zu Kasten schwingen
oder die langen Seile hochklettern.
Dann haben wir uns an die Ringe Nadeln gehängt
und Zirkus gespielt.

2 

Heute hat uns der Lehrer
eine lustige Geschichte vorgelesen.
Danach durften wir ein Bild dazu malen.
Jetzt Ofen hängen alle Bilder in unserer Klasse.
Wir müssen oft lachen, wenn wir sie sehen.

3 

In Musik haben wir ein neues Lied gelernt.
Wir haben dazu getanzt.
So konnten wir uns den Text besser merken.
Außerdem hat es Rakete so
auch viel mehr Spaß gemacht.

4 

In Deutsch haben wir ein Schleichdiktat geschrieben.
Dabei läuft man leise zum Text Auto.
An seinem Platz schreibt man
den Satz auswendig auf.

1 Mit einem Partnerkind lesen üben

1 Suche dir ein Partnerkind.

- Lest gemeinsam den roten Text mehrmals halblaut.
- Lest euch den roten Text dann gegenseitig vor.
- Macht es genauso mit dem blauen Text und dem grünen Text.

Fang für mich den Sommer ein

Der Tag ist lange angebrochen.
Aber die Sonne ist noch nicht aufgegangen.
Es wird noch etwas dauern, bis sie ihr Gesicht zeigen wird.
Aber Eda weiß, dass sie schon nach kurzer Zeit
wieder untergehen wird.

Es ist sehr kalt.
Das ist der Winter im Reich der Wikinger.
Eda begleitet ihren Bruder Sören zum Handelsschiff.
Sie ist sehr traurig, denn Sören wird lange auf See bleiben.

„Ich werde dir etwas Schönes mitbringen“, verspricht Sören.
„Fang für mich den Sommer ein“, wünscht sich Eda.
„Damit ich im Winter etwas habe, an dem ich mich freuen kann.“
Sören verspricht es.

Alexandra Fischer-Hunold

2 Lest euch nun den ganzen Text gegenseitig vor.

3 Kreuze an, wie flüssig du nun lesen kannst.

- ◯ Ich lese sehr flüssig.
- ◯ Ich lese fast flüssig.
- ◯ Ich muss noch üben.

2 Ein Fernsehprogramm lesen

1 Lies das Fernsehprogramm.

Kinderkanal

11.00	Drei Nüsse für Aschenbrödel	16.35	Tabaluga
12.30	Stark!	17.00	TV-Helden
12.45	Pinocchio	18.30	Heidi
14.00	Löwenzahn	18.55	Sandmännchen
14.25	PUR+	19.05	Wickie
14.50	Hexe Lilli	19.50	Logo!
15.55	Logo!	20.00	Meine peinlichen Eltern
16.05	Der Schulstreich	20.25	Kummerkasten

2 Stimmt es oder stimmt es nicht? Kreuze an.

	stimmt	stimmt nicht
Heidi kommt vor dem Sandmännchen.	☒	◯
Das Programm beginnt um 11.15 Uhr.	◯	◯
Logo! kommt nur einmal.	◯	◯
Pinocchio ist die dritte Sendung.	◯	◯
Heute kommt der Film „Braunbär Billi“.	◯	◯
Um 17.00 Uhr fängt Tabaluga an.	◯	◯
Nach 18 Uhr beginnen noch sechs Sendungen.	◯	◯
Die letzte Sendung ist Kummerkasten.	◯	◯

2 Eine Wetterkarte lesen

1 Sieh dir die Wetterkarte genau an.

Das Wetter in Deutschland am 3. April

 = Sonne

 = Schauer

 = Regen

 = Wolken

 = Schnee

 = Gewitter

2 Lies die Sätze. Kreuze an.

	stimmt	stimmt nicht
In München ist Regen möglich.	☒	○
Die Karte zeigt das Wetter am 3. Mai.	○	○
Auf der Karte findet man alle Zeichen.	○	○
In Dortmund scheint die Sonne nicht.	○	○
In Deutschland schneit es heute nicht.	○	○
Wer in Berlin wohnt, sollte einen Schirm mitnehmen.	○	○

2 Ein Schaubild lesen

1 Sieh dir das Schaubild an.

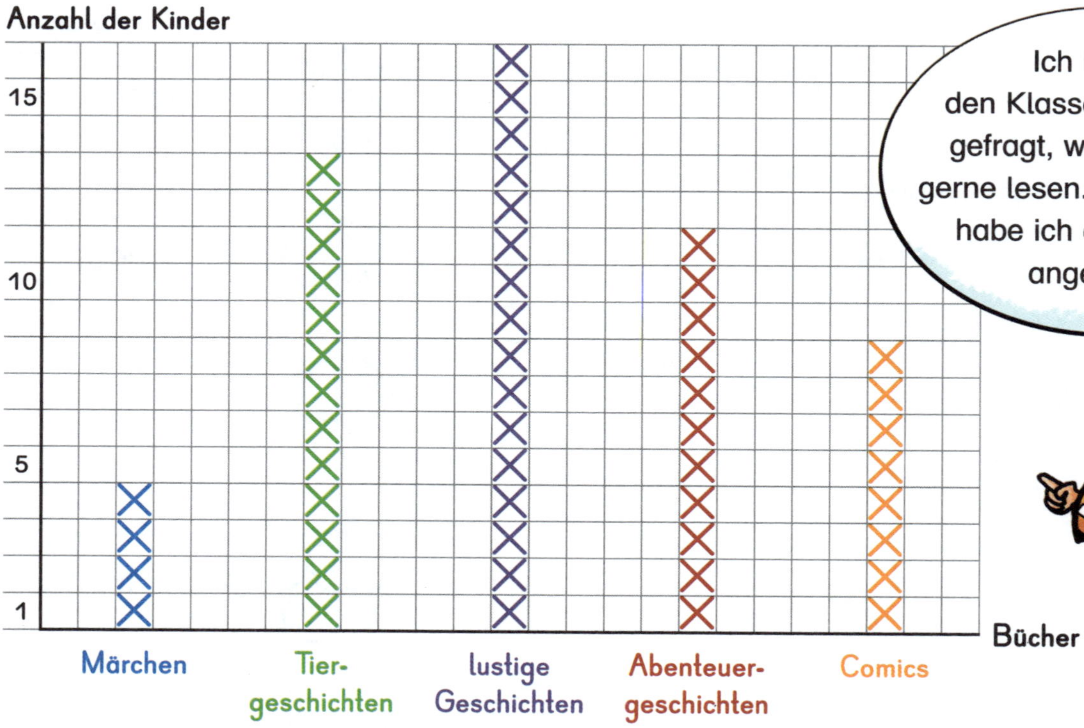

2 Beantworte die Fragen mit Hilfe des Schaubilds.

Wie viele Kinder lesen gerne Märchen? vier Kinder

Welche Bücher sind am wenigsten beliebt?

Wie viele Kinder mögen Abenteuergeschichten?

Gibt es Bücher, die gleich gerne gelesen werden?

Welche Bücher mögen die meisten Kinder?

2 Ein Schaubild zu einem Text erstellen

1 Lies den Text genau.

Sportarten

In der Klasse 2b sprechen die Kinder über Sportarten.

Leon und Emira spielen Tennis.

Mona und drei andere Mädchen lieben das Tanzen.

Neun Kinder spielen Fußball.

Jakob lernt seit zwei Jahren Karate.

Die Zwillinge Roman und Anna gehen zum Schwimmen.

2 Unterstreiche im Text, wer welche Sportart betreibt.

3 Erstelle zu dem Text ein Schaubild.

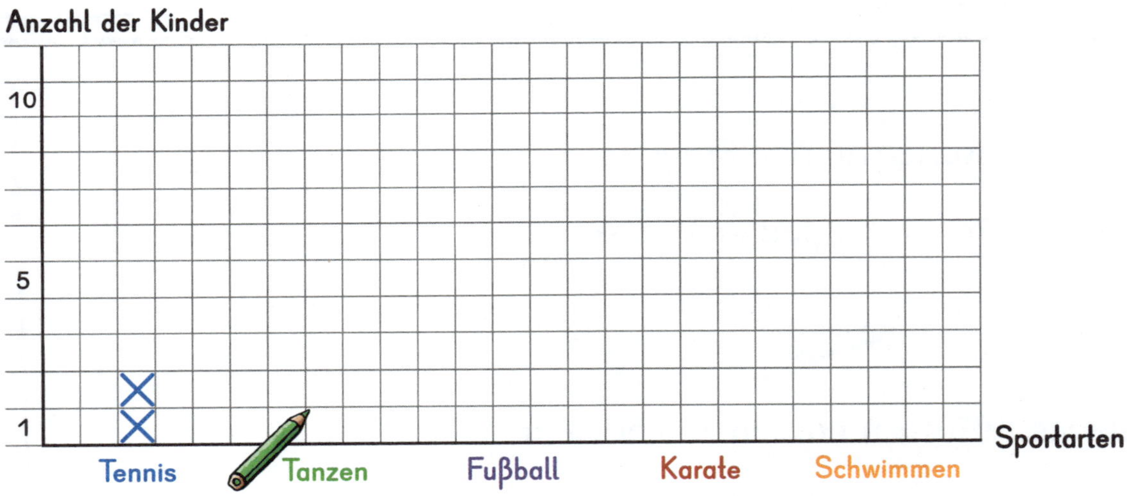

4

2 Einen Stundenplan lesen

1 Lies Marias Stundenplan.

	Montag	Dienstag	Mittwoch	Donnerstag	Freitag
1. Stunde	Musik	Mathe	Deutsch	Religion	Religion
2. Stunde	Deutsch	Kunst	Mathe	Deutsch	Mathe
3. Stunde	Mathe	Sport	Sport	Musik	Deutsch
4. Stunde	Sachunterricht	Deutsch	Kunst	Mathe	Sachunterricht
5. Stunde	Sachunterricht				

2 Schreibe Antworten zu den Fragen.

a) An welchen Tagen hat Maria Musik?

Montag.

b) An wie vielen Tagen hat Maria vier Stunden?

c) Welches Fach hat Maria am Freitag in der dritten Stunde?

d) Welche Fächer hat Maria jeden Tag?

2 Den Zeichen Begriffe zuordnen

1 Schreibe unter jedes Zeichen das passende Wort.

~~Flughafen~~ | Baustelle | Behinderte | Fluchtweg | Mülleimer | Restaurant | Fußgänger | Stau | Toilette

Flughafen

2 Erfinde selbst ein Zeichen und male es auf ein Blatt.

2 Ein Inhaltsverzeichnis lesen

1 Lisa hat ein Buch über Elefanten.
Lies das Inhaltsverzeichnis.

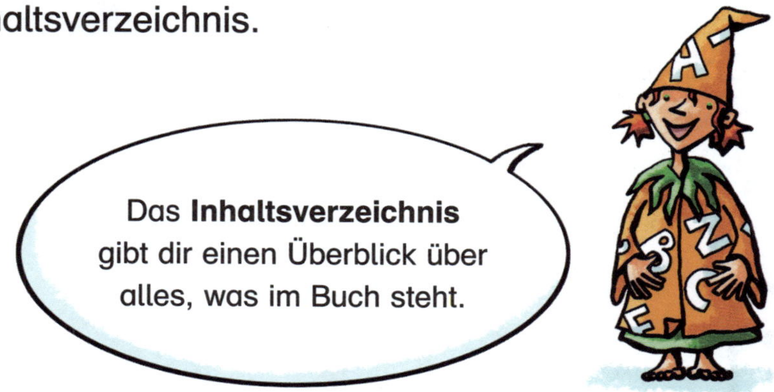

Inhaltsverzeichnis

2

② Schreibe auf, in welchen Kapiteln man Antworten auf die Fragen findet.

Leben Elefanten allein? Kapitel 3

Können Elefanten riechen?

Gibt es verschiedene Arten von Elefanten?

Haben Elefanten eine Sprache?

③ Schreibe auf, zu welchem Kapitel des Buches der folgende Text gehört.

Elefanten verständigen sich vor allem mit Lauten. Die tiefen Töne sind für den Menschen nicht zu hören. Elefanten aber können so über Kilometer hinweg miteinander „sprechen“.

Kapitel

④ Schreibe unter jedes Bild, zu welchem Kapitel es gehören könnte.

1

Kapitel

2

3

3 Reimwörter in einem Gedicht finden

1 Lies das Gedicht.

Pimpernelle Zwiebelhaut

Kennt ihr schon die Hexenbraut
Pimpernelle Zwiebelhaut?

Rückwärts kriecht sie aus dem Bett,
schrubbt sich ab mit Stiefelfett,

kocht sich Seifenblasentee,
futtert Scheuerlappen mit Gelee,

Zittergras und Fliegenkleckse,
ja, das schmeckt der kleinen Hexe!

Doch das ist schon lange her.
Pimpernelle lebt nicht mehr –

hat Kichererbsenbrei gemacht
und sich beim Kichern totgelacht.

Hans Adolf Halbey

2 Unterstreiche immer die beiden Wörter, die sich reimen.

3 Ein Gedicht ausdrucksvoll vorlesen

1. Übe leise, das Gedicht zu lesen.

2. Lies das Gedicht einem Kind vor.
Achte auf die Hinweise zur Betonung.

Vom Riesen Timpetu

Pst! Ich weiß was. Hört mal zu:
War einst ein Riese Timpetu.

flüsternde Stimme

Er lief zum Doktor Isegrimm:

normale Stimme

„Ach, Doktor! Mir geht's heute schlimm!
Ich hab im Schlaf 'ne Maus verschluckt,
die sitzt im Leib und kneipt und druckt."

leidende Stimme

Der Doktor war ein kluger Mann,
man sah's ihm an der Brille an.
Er hat ihm in den Hals geguckt.

normale Stimme

„Wie? Was, 'ne Maus habt Ihr verschluckt?

entsetzte Stimme

Verschluckt 'ne Miezekatz dazu,
so lässt die Maus Euch gleich in Ruh!"

freudige Stimme

Alwin Freudenberg

3 Ein Gedicht auswendig vortragen

1 Lerne das Gedicht auswendig.

Der Lauf der Sonne

Am Morgen steht die Sonne tief,
weil sie bis gerade ja noch schlief.

Zur Mittagszeit wirst du gleich sehen,
da wird sie hoch am Himmel stehen.

Am Abend kommt sie schließlich dann
am Himmel unten wieder an.

Nachts siehst du die Sonne nicht,
drum schlafe, bis der Tag anbricht.

Paul Maar und KNISTER

2 Tragt euch gegenseitig das Gedicht mit Bewegungen vor.

3 Witze vorlesen

1 Lies die Witze.

Klein Herbert fragt:
„Was ist Wind?“
Sagt der Vater:
„Das ist Luft,
die es eilig hat!“

Im Zoo
sagt die Mutter
zu ihrer kleinen Tochter:
„Geh sofort von dem Löwen weg!“
Meint die Kleine:
„Wieso, Mama, ich tu ihm
doch gar nichts!“

Die Mutter bringt ihre Zwillinge
Max und Moritz ins Bett.
Der kleine Max lacht und lacht.
„Was lachst du denn so?“,
fragt die Mutter. Antwortet Max:
„Du hast Moritz zweimal
gebadet und mich gar nicht!“

Kommt ein Frosch in den
Laden. Fragt der Verkäufer:
„Was darf es denn sein?“
Sagt der Frosch: „Quark.“

„Leo, du hast dieselben Fehler
im Diktat wie dein Nachbar.
Wie kann das sein?“
„Ganz einfach:
Wir haben denselben Lehrer!“

2 Suche dir einen Witz aus.
Übe das Lesen mehrmals.
Lies den Witz dann einem Kind vor.

3 Ein Märchen kennenlernen

1 Lies das Märchen.

Die Sterntaler

Es war einmal ein kleines Mädchen. Es war so arm, dass es kein Zimmer zum Wohnen mehr hatte und kein Bett mehr zum Schlafen. Es hatte nichts mehr, nur die Kleider, die es anhatte, und ein kleines Stück Brot.

Weil es niemanden mehr hatte, ging es allein hinaus aufs Feld. Dort traf es einen alten, armen Mann. Er sprach: „Ich habe Hunger." Das Mädchen gab ihm das Stück Brot.

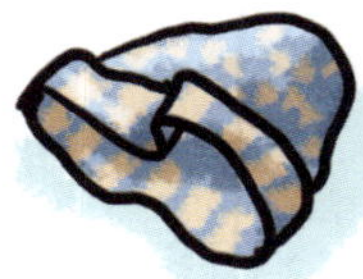

Da kam ein Kind, das sagte: „Es friert mich so an meinem Kopf. Schenke mir etwas, womit ich mich bedecken kann." Das Mädchen gab ihm seine Mütze.

Als es noch ein Stück gegangen war, kam noch ein Kind. Das hatte nichts an und fror. So gab es ihm sein Kleidchen und ging weiter.

Das Mädchen kam an einen Wald. Schon war es dunkel geworden. Da kam noch ein Kind und bat um sein Hemdchen. So gab es auch noch sein letztes Hemd weg.

Und wie es so dastand und nun gar nichts mehr hatte, fielen auf einmal die Sterne vom Himmel. Es waren lauter Goldstücke. Und es hatte nun ein ganz feines, neues Hemdchen an. Darin sammelte es alle Goldstücke und war reich.

nach den Brüdern Grimm

3

2 Male ein Bild zum Märchen.

3 Was denkt das kleine Mädchen?
Schreibe auf.

3 Bildfolgen zu Lexikontexten ordnen

1 Lies die Texte aus einem Lexikon.

Der Imker
Der Imker ist der Hüter der Bienen.
Er hat viele Bienenstöcke, die er oft überprüft.
Die Bienen bewachen ihren Stock. Darum hat der Imker einen Anzug, einen Hut mit Netz und Handschuhe an.
Der Imker freut sich auf die Ernte des Honigs.

Pferde
Pferde leben in einer Herde und können schnell und lange laufen. Sie fressen Hafer, Heu, Stroh, Kleie, Gras, Äpfel und Möhren.
Wird ein Fohlen geboren, so kann es schnell stehen.
Es trinkt die Milch der Mutter.
Nach einigen Wochen frisst es auch Gras.

2 Nummeriere die Bilder so, dass die Reihenfolge zum Text passt.

3 Unterschiedliche Textsorten benennen

1 Lies die Texte.

2 Schreibe über jeden Text, was es ist.

Rezept | Lexikoneintrag | Bastelanleitung | ~~Märchen~~ | Gedicht

Märchen

Es waren einmal zwei Fische.
Der eine hatte einen langen
goldenen Bart.
Die beiden Fische waren
gute Freunde. Eines Tages …

Fische leben im Wasser.
Sie atmen durch Kiemen.
Statt Armen und Beinen
haben die Fische Flossen.

Zeichne den Fisch
auf gelbes Papier.
Schneide Augen aus
und klebe sie auf.

Den vielen Dreck
im blauen Meer,
den mögen Fische
nicht so sehr!

Nimm die Fischstäbchen
aus der Packung.
Erhitze Öl in einer Pfanne.
Lege die Fischstäbchen
vorsichtig hinein und brate sie.

4 Bilder zum Textverständnis nutzen

1 Sieh dir die Bilder an.

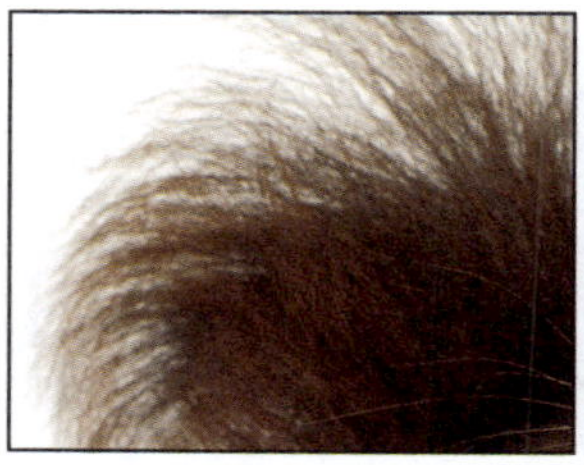

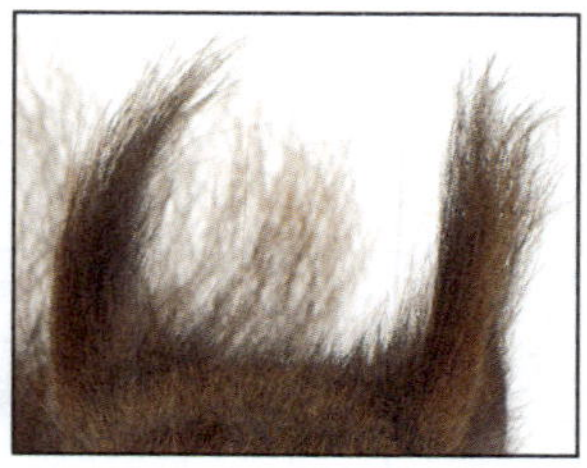

2 Kreuze an, was die Bilder zeigen.

- ○ Nahrung des Eichhörnchens
- ○ Feinde des Eichhörnchens
- ○ Körper des Eichhörnchens

3 Lies den Text.

Das Eichhörnchen kann im Wald gut leben. Es hat einen buschigen Schwanz. Er hilft ihm, beim Klettern das Gleichgewicht zu halten. Mit den Krallen kann sich das Eichhörnchen gut festhalten. Das kleine Tier kann auch gut hören. Es flüchtet ganz schnell, wenn es im Wald gefährlich wird.

4 Die Bilder und der Text beantworten Fragen.
Kreuze an, wo du die Antwort findest.

	Bild	Text
Wie sehen die Krallen eines Eichhörnchens aus?	○	○
Wobei hilft ihm der buschige Schwanz?	○	○
Sind die Ohren spitz?	○	○
Wann flüchtet das Eichhörnchen?	○	○

4 Überschriften zum Textverständnis nutzen

1 Lies nur die roten Überschriften.
Schreibe auf, worum es gehen könnte.

Es geht um

Hunde – treue Tiere

Helfer im Alltag

Blindenhunde sind sehr gut ausgebildete Hunde. Sie helfen Menschen im Alltag, zum Beispiel auf der Straße.

Helfer der Hirten

Hütehunde werden von Hirten eingesetzt. Hütehunde helfen zum Beispiel, eine Herde zu bewachen und zu beschützen.

Helfer der Polizei

Spürhunde werden bei der Polizei eingesetzt. Sie helfen zum Beispiel, gefährliche Stoffe zu finden.

2 Was war für dich besonders interessant? Unterstreiche es.

3 Tausche dich mit einem Kind aus.

4 Überschrift und Bild zum Textverständnis nutzen

1. Lies die Überschrift und schau dir das Bild genau an.

2. Überlege, worum es in der Geschichte gehen könnte.

In Gefahr

3. Lies den Text.

Es ist Sommer. Im Garten blühen die Blumen. Im Gras sitzt Freddy, der kleine Igel. Mit seiner feinen Nase schnuppert er auf der Wiese herum. Er ist auf der Suche nach Futter. Schnecken frisst Freddy besonders gern. Auf dem Stein dort sitzt eine. Doch da kommt plötzlich der Hund Bello auf Freddy zu. Vorsicht, Freddy! Roll dich schnell zusammen!

4. Kreuze an, ob du richtig vermutet hast.

◯ ja ◯ nein

5. Schreibe eine Antwort.

Warum soll Freddy sich einrollen?

Er soll sich einrollen, weil

4 Signalwörter in einem Text finden

① Lies das Rezept.

Apfelkuchen

Zuerst schlägst du die weiche Butter
mit Zucker und Salz schaumig.
Dann rührst du die Eier darunter.
Jetzt kommt das mit Backpulver gemischte Mehl dazu.
Gieße Apfelsaft dazu, bis der Teig sich gut rühren lässt.
Rühre weiter und gib etwas Zimt dazu.
Die Rosinen wäschst du zuerst mit warmem Wasser.
Dann lässt du sie auf einem Küchenpapier abtropfen.
Rühre sie unter den Teig.
Danach kannst du die Äpfel schälen,
in kleine Stücke schneiden und in den Teig geben.
Fülle den Teig in eine gefettete Backform
und backe den Kuchen eine Stunde.
Dann lässt du ihn abkühlen.

② Unterstreiche die wichtigsten Wörter im Text.
Es sind neun weitere Zutaten.

③ Zähle nach, ob du neun Wörter unterstrichen hast.

Wichtige Wörter
in einem Text nennt man auch
Signalwörter.

4 W-Fragen zum Text beantworten und stellen

1 Sieh dir das Bild an.
Lies dann den Text.

Der Schatz

Am 12. September ist es endlich so weit! Ute wird acht Jahre alt. Sie hat ein schönes Kleid an.

Am Nachmittag kommen ihre Freunde. Acht Kinder durfte Ute einladen. Für jedes Jahr ein Kind. Simon, Dennis und Eva kommen zu Fuß. Dani, Frieder und Evi werden von ihrer Mama gebracht. Sandra und Lissi kommen mit dem Rad.

Als alle da sind, darf Ute ihre Geschenke auspacken. Dann essen sie Kuchen und trinken Limo. Danach machen sie eine Schatzsuche.

In Gruppen machen sie sich auf den Weg. Jeder will den Schatz als Erstes finden. Utes Papa hat ihn gut versteckt. In einem Baum findet Frieder eine kleine blaue Kiste. Langsam öffnet er sie.

4

② Lies die **W-Fragen** und antworte.
Der Text und das Bild helfen dir.

a) **Wer** feiert Geburtstag?

b) **Was** essen die Kinder?

Sie essen

c) **Wann** kommen Utes Freunde?

Sie

d) **Wo** ist der Schatz versteckt?

Er

e) **Wie** kommen Sandra und Lissi?

Sie

③

5 Den passenden Text zu einem Bild auswählen

1 Sieh dir das Bild an und lies den Text.

◯ Hannes klingelt Sturm.
Er muss Mama dringend etwas erzählen.
Etwas ganz Tolles. Etwas Einmaliges!
Ein Zirkus kommt!

◯ Hannes hat drei Plakate gesehen.
Ein richtiger Zirkus war noch nie hier!
Mama öffnet die Tür. „Pssst! Anna-Sofie schläft!
Was machst du denn für einen Lärm?“

◯ Mamas Stimme klingt so ärgerlich,
dass Hannes schnell eine Ausrede erfindet.
„Ich muss mal“, sagt er und verschwindet im Bad.
Dort schließt er ab und setzt sich auf den Klodeckel.

Anne Steinwart

2 Ein Text passt zum Bild.
Kreuze ihn an.

Passende Wörter für einen Text auswählen

1 Lies und ergänze die Wörter passend.

Auf dem Bolzplatz

| Fußballtoren | ~~Wochen~~ | Schule |

Seit vier Wochen gibt es in Benzhart einen prima Bolzplatz für Kinder. Mit richtigen ______________. Er wurde gleich neben der ______________ gebaut.

| besten | Martin | hier |

Jeden Nachmittag treffen sich ______________ die kleinen Fußballer des Viertels. Mit dabei sind meistens Flori, ______________, Önal und Hakan, die vier ______________ Fußballer der ganzen Schule.

Manfred Mai

2 Lies nochmals und prüfe, ob alles stimmt.

5 Passende Wörter in einen Text einsetzen

1 Lies die Überschrift. Sieh dir die Bilder genau an.

Im Zoo

2 Setze die Wörter ein.

Kamel	Affen	Löwe	~~Elefanten~~	Zebra

Lisa und Anne machen einen Ausflug in den Zoo. Als Erstes wollen die Mädchen zu den ______________. Die sehen mit ihrem langen Rüssel so lustig aus. Da hören Lisa und Anne, wie ein ______________ brüllt. Das hört sich gefährlich an. Nun gehen sie zu den ______________, die gerade Bananen fressen. Jetzt kommt ein ______________ an ihnen vorbei, das von einem Mann an einem Seil geführt wird. Da ruft ein kleines Kind: „Guck mal, Mama! Ein Pferd mit Streifen!“ „Das ist doch ein ______________!“, antwortet die Mutter.

5 Zwei Texte ordnen

1 Lies die Sätze über den Sommer und den Winter.

Alle freuen sich, wenn der Sommer wieder da ist.

Der Winter ist am schönsten, wenn es geschneit hat.

Wir können kurze Hosen und Röcke anziehen.

Wenn es kalt genug ist, bleibt der Schnee liegen.

Dann können wir im Schnee toben.

Viele Kinder fahren auch gern Schlitten.

Wenn es heiß genug ist, gehen wir am See schwimmen.

Man kann sogar draußen zelten.

Manche fahren gerne Schlittschuh.

Dazu muss das Eis auf dem See sehr dick sein.

2 Unterstreiche die Sätze, die zum **Sommer** gehören, **gelb**.

Unterstreiche die Sätze, die zum **Winter** gehören, **blau**.

5 Einen Text mit eigenen Worten wiedergeben

1 Schau dir die Bilder an.
Lies den Text.

Hamster verstehen lernen

Nach dem Schlafen streckt sich der Hamster.
Er gähnt und putzt sich.
Dann fühlt er sich gut.

Der Hamster putzt sich ganz schnell.
Oft macht er dies, wenn er nicht weiß,
was er sonst tun soll.

Es kann auch sein, dass der Hamster
auf dem Boden liegt.
Er hält seine Nase schräg nach oben.
Dann hat er Angst.

Wenn der Hamster seine Pfoten hebt
und die Zähne zeigt, musst du aufpassen.
Dann will er in Ruhe gelassen werden.

Wenn der Hamster auf dem Rücken liegt
und faucht, könnte er beißen.

2 Erzähle einem Kind,
was du über den Hamster weißt.
Nutze die Bilder.

3 Lass das Kind antworten.

a) Was macht der Hamster,
wenn er sich gut fühlt?

b) Was macht der Hamster,
wenn er nicht weiß, was er tun soll?

c) Wann will der Hamster
in Ruhe gelassen werden?

d) Wann könnte der Hamster beißen?

5 Ein Fantasiewort erraten

1 Lies den Text.
Ein Wort gibt es nicht.

Was ist ein Lala?

Viele Kinder mögen den Lala. Manche haben sogar ihren eigenen Lala zu Hause. Oft haben Familien sogar mehrere Lalas. Man kann allein mit einem Lala spielen oder auch mit seinen Freunden. In vielen Schulen gibt es Lalas. Er kann zum Lernen genutzt werden. Jeder Lala hat eine Tastatur und eine Maus. Es gibt sogar Lalas, die kann man gut mitnehmen. Andere sind zu groß und schwer, die stehen dann fest auf einem Tisch.

2 Trage die Lösung ein.

Ein Lala ist ein

____________________.

6 Einfache Fragen zu einem Text beantworten

1 Lies den Text.

So langweilig!

Es war einmal ein wunderschöner Vormittag:
Die Sonne schien und der Himmel war blau.
Gelegentlich zog ein weißes Wattewölkchen vorüber.
Die Vögel sangen Lieder,
die Luft roch – hmmm – nach Wiesenkräutern.

Hase Nulli und sein bester Freund, Frosch Priesemut,
lagen faul in der Sonne.
Na ja, so ganz stimmte das nicht,
denn Nulli las ein Buch.
Und Priesemut?
Dem war langweilig …

Matthias Sodtke

2 Lies die Fragen und antworte.

a) Wie war der Himmel?

Der Himmel war

b) Wer war Hase Nullis bester Freund?

Es war der

c) Was tat Nulli?

Nulli

6 Fragen zu einem Text beantworten

1 Lies den Text. Sieh dir die Bilder an.

Katja und der Teddy

Katja soll ihr Zimmer aufräumen.
Ihr erster Blick fällt auf Carlo,
ihren ältesten und größten Teddybären.
In letzter Zeit hat sie ihn ein bisschen vernachlässigt.
Er sieht traurig aus, findet sie.
Und schmutzig ist er auch.

Katja läuft ins Badezimmer.
Im Waschbecken bereitet sie ein Bärenbad.
Sie setzt Carlo hinein und schrubbt ihn gründlich!
Dass Wasser und Schaum überschwappen,
ist Carlos Schuld.
Er ist einfach zu groß für das Becken.

Danach muss Carlo trocken gerubbelt werden.
Doch das ist nicht so einfach.
Als Katja alle Handtücher verbraucht hat,
ist er immer noch patschnass.
Egal, wozu gibt es einen Föhn?
Föhn, Kamm und Bürste.
Nichts sieht unordentlicher aus
als ein strubbeliger Bär!

Katharina Kühl

2 Lies die Fragen. Unterstreiche die Antworten im Text.

a) Was soll Katja tun?

b) Wohin läuft Katja?

c) Wo bereitet Katja ein Bärenbad?

d) Was muss nach dem Bad mit Carlo gemacht werden?

6 Richtige Aussagen zu einem Sachtext erkennen

1 Lies den Text.

Obst

Früchte und Samen nennt man Obst.
Es gibt viele Sorten:

Steinobst ist außen saftig und hat innen einen Kern.
Zum Steinobst gehören Pflaumen und Kirschen.

Kernobst hat fünf Kammern mit kleinen Kernen.
Äpfel und Birnen sind Kernobst.

Schalenobst hat eine harte Schale, die nicht essbar ist. Zum Schalenobst gehören Haselnüsse, Walnüsse und Mandeln.

Beerenobst ist weich, klein und rundlich,
wie zum Beispiel Himbeeren oder Weintrauben.

2 Stimmt es oder stimmt es nicht?
Kreuze an.

	stimmt	stimmt nicht
Früchte und Samen nennt man Obst.	○	○
Kirschen sind Steinobst.	○	○
Die Schale von Schalenobst ist weich.	○	○
Walnüsse haben eine essbare Schale.	○	○
Weintrauben sind Beerenobst.	○	○

6 Richtige Aussagen zu einer Geschichte erkennen

1 Lies den Text.

Trau dich, Semra!

Semra steht am Fenster. Zwei Möbelmänner tragen gerade ein Sofa über den Hof zum Nachbarhaus. Dort zieht heute jemand ein. Daneben werfen sich ein paar Kinder einen Ball zu, immer hin und her. Semra würde gerne zu ihnen hinunterlaufen und mitspielen. „Trau dich, Semra“, sagt Mama immer zu ihr, wenn Semra zögert und von einem Fuß auf den anderen tritt. Aber meistens traut Semra sich nicht. Sie fühlt sich noch so klein. Und sie kann noch nicht so gut Deutsch sprechen. Sie versteht zwar alles, was die anderen sagen, aber selbst etwas sagen, das ist ganz schön schwer.

Luise Holthausen

6

2 Stimmt es oder stimmt es nicht?
Kreuze an.

	stimmt	stimmt nicht
Semra steht am Zaun.	○	○
Zwei Möbelmänner sind da.	○	○
Die Möbelmänner tragen einen Sessel.	○	○
Im Nachbarhaus zieht jemand aus.	○	○
Es sind Kinder auf dem Hof.	○	○
Semra möchte gern Ball spielen.	○	○
Semra fühlt sich noch klein.	○	○
Sie kann gut Deutsch sprechen.	○	○
Deutsch versteht Semra gut.	○	○

3 Male an, was der Satz bedeutet.

Semra traut sich nicht.

Semra ist mutig.	Semra ist müde.
Semra ist wütend.	Semra ist ängstlich.

4 Unterstreiche im Text auf Seite 44, warum sich Semra nicht traut.

5 Notiere die Zeilennummern zu 4.

Zeile ______ bis ______

6 Informationen in Texten finden

1 Lies die Infos.

So bleibst du gesund

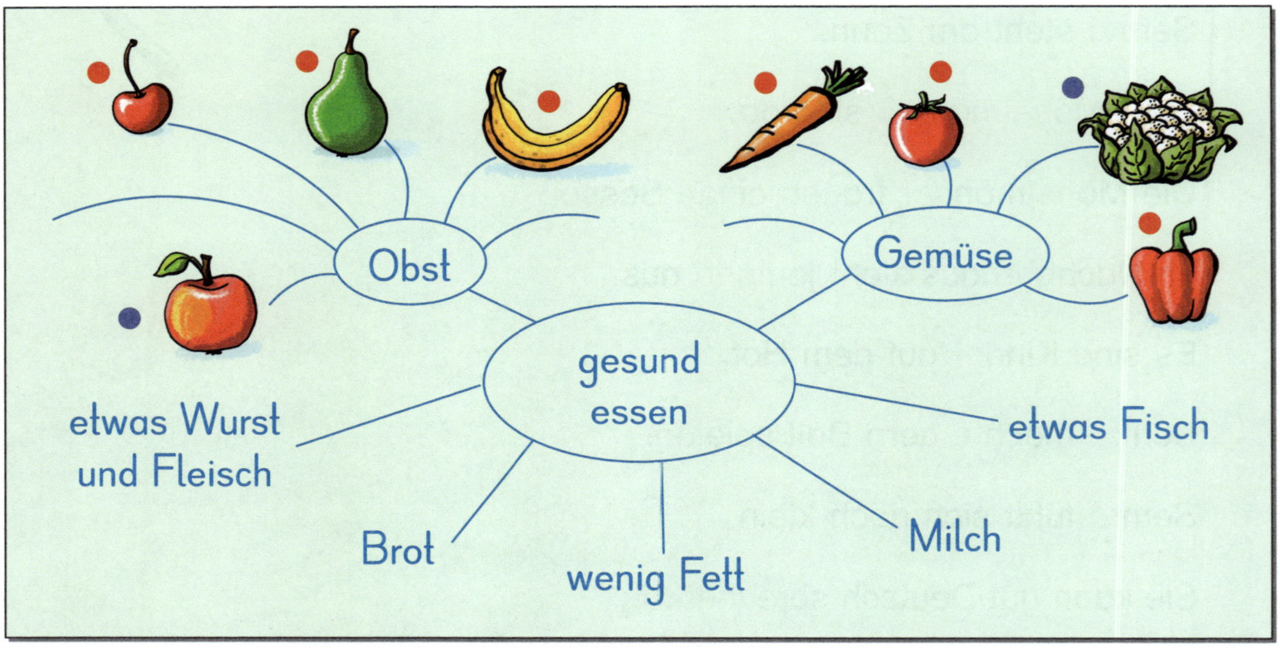

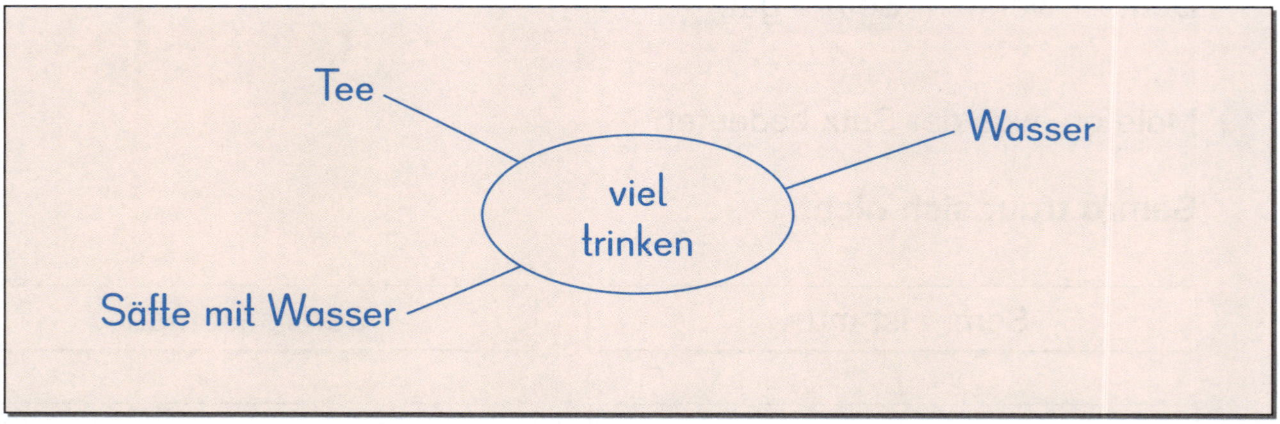

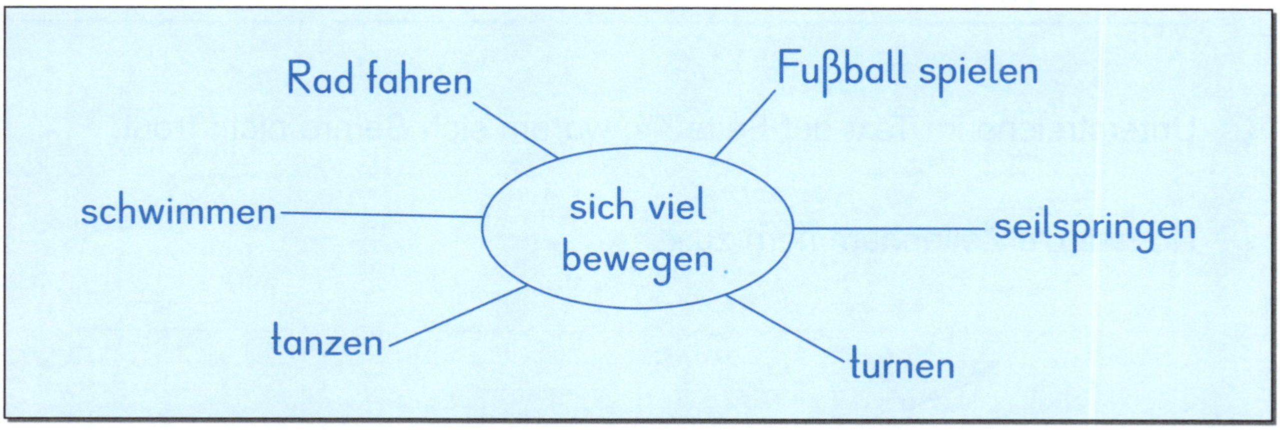

2 Verbinde Texte und Bilder passend.

Obst und Gemüse
sind gut für den Körper.
Sie enthalten
wichtige Vitamine,
die wir brauchen.

Jeder Mensch sollte
viel trinken, am besten
Wasser. Kinder sollten
am Tag etwa einen Liter
Wasser trinken.

Jeden Tag soll man
sich auch viel bewegen.
Sport macht den Körper
stark und baut
Muskeln auf.

3 Kreuze an, wie du gesund bleibst.

- ◯ Viel Obst und Gemüse essen!
- ◯ Oft auf dem Sofa sitzen!
- ◯ Viel Fett essen!
- ◯ Sich viel bewegen!
- ◯ Viel Wasser, Tee oder dünnen Saft trinken!
- ◯ Den ganzen Tag im Bett bleiben!

Lies dazu nochmals die Seite 46!

7 Absätzen Überschriften zuordnen

1 Lies den Text.

Alles, was für den Hund wichtig ist,
ist im Fertigfutter enthalten.
Außerdem braucht der Hund immer
frisches Wasser.

Wichtig ist, dass du deinen Hund regelmäßig bürstest.
Kontrolliere auch immer seine Ohren.
Die Krallen nutzen sich von selbst ab.
Wenn dein Hund sehr schmutzig ist oder stinkt,
solltest du ihn baden.

Die jungen Hunde heißen Welpen.
Die ersten vier Wochen werden sie von ihrer Mutter
gesäugt. Sie brauchen viel Ruhe.
An einen neuen Besitzer sollten sie frühestens
nach zwei Monaten gegeben werden.

2 Schreibe über jeden Absatz die passende Überschrift.

Tierkinder **Futter** **Pflege**

7 Für eine Geschichte eine Überschrift auswählen

1 Lies die Geschichte.

Julius, Anne und Dominik sitzen in ihrem Baumhaus.

„Kaufen wir uns nachher noch ein Eis?“, fragt Dominik in die Runde. Er liebt das Zitroneneis aus der kleinen Eisdiele. Aber Anne wehrt ab: „Ich habe kein Geld mehr.“ „Bei mir sieht es auch ziemlich düster aus“, gesteht Julius. Dominik gibt zu: „Ich habe etwas von meiner Oma bekommen, sonst wäre ich auch schon abgebrannt.“

Alle sind sich einig: Die Zeit bis zum Taschengeldtag zieht sich immer wie Kaugummi. „Wie soll das nur weitergehen, wenn man sich nicht mal bei dieser Hitze ein Eis kaufen kann?“, jammert Julius. Anne pflichtet ihm bei: „Das bisschen Taschengeld reicht wirklich hinten und vorne nicht.“

Gerit Kopietz

2 Markiere die Überschrift, die am besten passt. Trage sie oben ein.

Das Geheimnis | **Kein Taschengeld mehr** | **Die liebe Oma**

7 Ein Rätselgedicht lösen

1 Lies das Gedicht.

Wer bin ich?

Sag, wer bin ich? Jeder liebt mich,
und auch dir bin ich bekannt.
Einen langen Rüssel hab ich,
doch ich bin kein Elefant.

Reiter tragen, Bäume schleppen,
das kann mein Beruf nicht sein.
Und auch auf den Kampf mit Löwen
lasse ich mich niemals ein.

Keinen Frosch kann ich besiegen.
Ganz gering ist mein Gewicht:
Wenn ich auf den Blüten sitze,
biegen sich die Stiele nicht.

Wenn ich durch die Lüfte fliege,
ist's als flög ein Blatt dahin.
Aber schön sind meine Flügel.
Und nun sag mir, wer ich bin.

Josef Guggenmos

2 Male das gemeinte Tier
in Lolas Rahmen.

3 Unterstreiche die Wörter oder Sätze,
die dir die Lösung verraten haben.

7 Über eine Geschichte nachdenken

1 Sieh dir das Bild an.
Lies die Geschichte.

Die beiden Esel

Zwei Esel waren mit einem Strick um den Hals verbunden. Es lagen zwei Heuhaufen im Hof, für jeden Esel einer. Jeder Esel wollte zu seinem Heuhaufen gehen. Der Strick um den Hals war aber sehr kurz. Und die Heuhaufen lagen sehr weit auseinander. So standen die beiden Esel nun zwischen den Heuhaufen und jeder zog am Strick zu seinem Futter hin. Beide zogen gleich stark. So kamen sie nicht von der Stelle und blieben beide hungrig.

2 Schreibe auf, was die Esel tun sollen.

Die Esel sollen

8 Mit verteilten Rollen lesen

1 Lies das Gespräch zuerst leise.

2 Lies mit einem Kind mit verteilten Rollen.

Jan und Katrin streiten sich

Gib mir sofort das Heft zurück!
Warum sollte ich?
Weil ich für morgen noch was lernen muss.
Und weil es meins ist.

Ist es nicht.
Ist es doch.
Lügner! Ich hab mitgezahlt.
Einen Euro hab ich draufgelegt.
Es hat aber fünf gekostet. Da kriegst du
nur ein paar Seiten dafür.

Dann gib mir meinen Teil!
Na bravo, jetzt hast du das Heft zerrissen!
Selber Schuld! Hättest du es nicht so festgehalten!
Weißt du, was du bist?
Ein … gemeiner Knochenhecht bist du!
Und du bist ein Segelflossen-Doktorfisch!
Und du ein gestreifter Felsenhüpfer!
Und du ein …

Die Mutter steckt den Kopf durch die Tür.
Sie möchte, dass die beiden
keine Schimpfwörter mehr verwenden.
Dabei gibt es diese Meerestiere wirklich!

Gerda Anger-Schmidt

8 Das Ende einer Geschichte erfinden

1 Lies den Anfang der Geschichte.

Ich hol dein Liebstes!

Valerie bekam seit zwei Abenden Besuch von einem Gespenst, das ihr androhte, am dritten Abend ihr Liebstes zu holen.

„Heute ist es so weit!“
Valerie machte ganz ängstliche Augen.
„Du hast dein Liebstes unter deinem Kopfkissen versteckt!“
„Wwwwoher wwweißt du das?“, bibberte Valerie und kroch noch tiefer in ihre Kissen.
„Das weiß jeder aus der Familie“, antwortete der Geist.
Er streckte die Geisterhand aus.
„Her mit deinem Liebsten!“
„Willst du es wirklich haben?“, piepste Valerie.
„Ja“, sagte der Geist. „Und keine Tricks. Mich kannst du nicht reinlegen.“

Marliese Arold

2 Schreibe auf, was Valerie antworten oder tun kann.

8 Eine Lieblingsfigur auswählen

1. Lies die Beschreibungen.

Piraten-Lizzy weiß genau, was sie will.
Sie ist ehrgeizig und stark.
Sie wird von vielen Piraten gefürchtet,
weil sie die beste Säbelkämpferin ist.

Piraten-Kalle wird auch
„der Kluge der Meere“ genannt.
Er ist intelligent und liest viel.
Nur er kann Schatzkarten lesen.

Piraten-Elli ist die schönste Anführerin.
Sie ist freundlich und gütig.
Auf der ganzen Welt kennt sie sich aus.
Ihre Piraten gehorchen ihr.

Piraten-Billi ist stark wie ein Bär.
Viele bekommen schon Angst,
wenn sie ihn nur sehen.
Wenn er brüllt, erstarren alle Leute.

2. Welcher Pirat wärst du gern?
Ergänze den Satz.

Ich wäre gern ______________________________

weil er/sie ______________________________ ist.

8 Sich in eine Buchfigur hineinversetzen

1 Sieh dir das Bild an.

2 Lies den Text.

Paul will auch eine Bande

Paul will endlich auch eine Bande haben. Zwei Monate wohnt Paul schon in Dettendorf. Und er hat immer noch keine Bande. Zwei Monate sind ziemlich lang, findet Paul. Mit einem Lastwagen sind sie von Neustadt nach Dettendorf gezogen. Eigentlich sind aber mit dem Lastwagen nur die Sachen umgezogen. Papa und Mama, Paul und Josefine und Kasper und Violetta sind mit dem Auto hinterhergefahren. Josefine ist Pauls kleine Schwester. Kasper heißt der Hund und Violetta ist die Schildkröte. Wie gesagt: Seit zwei Monaten wohnt Paul schon in Dettendorf und er hat noch keine Bande.

Dagmar Geisler

3 Male an, was Paul sich wünscht.

Ich will noch einmal umziehen!

Ich will endlich eine Bande haben!

Ich will wieder nach Neustadt!

Ich will neue Freunde haben!

8 Eine Antwort für eine Buchfigur erfinden

1 Lies den Text.

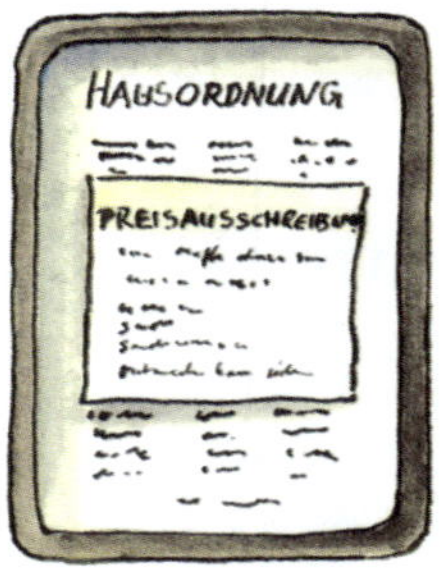

Der Lesemuffel

Alle finden, dass Muffel besser lesen lernen sollte. Vor allem seine Mutter. Bis jetzt hat noch nichts geholfen.

Also muss sich die Mama etwas anderes einfallen lassen. Und weil ihr selbst nichts einfällt, setzt sie einen Preis aus. Sie hängt einen großen Zettel ins Treppenhaus. „Preisausschreiben“, schreibt sie mit großen Buchstaben darauf. „Wer Muffel Maus dazu bringt, ein Buch zu lesen, gewinnt ein Mittagessen bei Familie Maus! Suppe, Hauptspeise, Nachspeise.“

Saskia Hula

2 Kreuze an, was ein „Lesemuffel“ ist.

- ◯ jemand, der gern liest
- ◯ jemand, der nicht gern liest

3 Schreibe auf, was Muffel zu seiner Mutter sagen könnte.

Ich finde die Idee mit dem Preisausschreiben

8 Handlungsmöglichkeiten bewerten

1 Lies den Text.

Die Mutprobe

Moritz und Alexander sind Freunde. Sie fahren Inliner.

„Du bist ja bloß feig, du hast ja überhaupt keinen Mut!“, ruft Alexander. Und zwar soll Moritz mit ihm die steile Burgstraße runtersausen. Bremsen soll nicht erlaubt sein. Erst ganz unten gibt es – zack! – eine Vollbremsung.

Moritz sagt: „Ich bin überhaupt nicht feig!“ „Was bist du dann?“, höhnt Alexander. „Immer bestimmst du, was wir tun!“, giftet Moritz. „Ja, weil ich Mut hab!“ Alexander stößt sich vom Zaun ab. Er fährt kunstvoll rückwärts. „Ich hab auch Mut!“, ruft Moritz. „Hast du nicht. Du bist feig, feig, feig …“

Irma Krauß

2 Kreuze an, was Moritz tun soll.

◯ Moritz soll die Straße fegen.
◯ Moritz soll die Straße runtersausen.

3 Kreuze an, wie du diese Idee findest.

◯ super
◯ zu gefährlich
◯ langweilig

8 Handlungsmöglichkeiten entwerfen

1 Lies den Text.

Mona Lisa

Mona und Lisa sind gute Freundinnen.

Doch heute geschieht etwas Merkwürdiges. Lisa schlägt auf dem Heimweg von der Schule vor: „Wir können die Hausaufgaben bei uns machen und danach mit den Fahrrädern zu meiner Oma fahren. Sie backt wieder ihren leckeren Apfelkuchen.“ Aber Mona schüttelt den Kopf und sieht Lisa traurig an. „Fahr du allein. Ich mag nicht.“ Monas Antwort haut Lisa beinahe von den Socken. „Aber Mona, was ist denn los? Mona?“ Doch Mona geht mit eiligen Schritten davon. Lisa versteht die Welt nicht mehr.

Am nächsten Tag spricht Mona kaum ein Wort mit Lisa. Und nicht am übernächsten. Sie zieht sich immer mehr zurück.

Gerit Kopietz

2 Sprich mit einem Kind über den Text.
Überlegt, was Lisa tun könnte.

8 Eine Lesekonferenz durchführen

1 Lies den Text.

Indianer

Man kann Küsten-Indianer, Pueblo-Indianer,
Prärie-Indianer und Wald-Indianer unterscheiden.
Die Küsten-Indianer lebten vom Fischfang.
Sie machten Jagd auf Wale und Robben.
Die Pueblo-Indianer waren sesshaft,
das heißt, sie wohnten an einem Platz.
Sie lebten in Häusern aus Lehm.
Die Prärie-Indianer lebten in kleinen Zelten,
die man Tipis nennt.
Sie folgten den Herden der Büffel.
Die Wald-Indianer hatten riesige Hütten aus Holz,
in denen bis zu 20 Familien wohnten.

2 Unterstreiche, welche Infos für dich neu sind.

3 Lest euch gegenseitig euren Lieblingssatz aus dem Text vor.

8 Einen Textabschnitt szenisch darstellen

1 Lies den Text.

Freunde

Jeden Morgen weckte Franz von Hahn den Bauernhof. Johnny Mauser und der dicke Waldemar halfen ihm dabei, denn richtige Freunde helfen einander. Dann holten sie ihr Fahrrad aus dem Heuschober und radelten in den Morgen hinein. Kein Weg war ihnen zu steinig, kein Abhang zu steil, keine Kurve zu scharf und keine Pfütze zu tief. Am Dorfteich rasteten sie, wo es flache Kieselsteine zum Flippen gab und wo man so herrlich Versteck spielen konnte.

Als Johnny Mauser ein altes Boot im Schilf entdeckte, beschlossen alle drei, Seeräuber zu werden, denn richtige Freunde beschließen immer alles zusammen. Johnny Mauser stand am Ruder, Franz von Hahn stellte das Segel und der dicke Waldemar war der Stöpsel: Er verstopfte das Loch in den Schiffsplanken. So wagten sie sich hinaus auf das offene Wasser und eroberten im Laufe des Tages den Dorfteich.

Aber der Hunger trieb sie wieder an Land. Zuerst versuchten sie es mit Angeln. Doch ihre Mägen knurrten so laut, dass kein Fisch anbiss. Sie besorgten sich Kirschen. Die Beute wurde sofort aufgeteilt: Eine Kirsche für Johnny Mauser, eine Kirsche für Franz von Hahn und zwei Kirschen für den dicken Waldemar.

Helme Heine

8

② Wähle mit einem Kind einen Abschnitt von Seite 60 aus, der euch gut gefällt.

③ Baut zu dem gewählten Abschnitt ein Tischtheater.

Bastelanleitung

Ihr braucht:
- dickes Papier
- bunte Stifte
- kleine Holzstäbe

So geht's:
Knickt das dicke Papier so, dass ihr es aufstellen könnt.

Das bemalte dicke Papier ist der Hintergrund für den Abschnitt, den ihr spielen wollt. Gestaltet es passend.
Malt die Figuren auch auf dickes Papier, schneidet sie aus und befestigt sie an Holzstäben.

④ Übt die Szene.
Spielt sie anderen Kindern vor.

9 Einem Buchdeckel Informationen entnehmen

Wenn du ein **Buch** vorstellst, musst du den **Titel**, den **Autor** und den **Verlag** nennen.

Der **Titel** sagt dir, wie das Buch heißt.
Der **Autor** oder die **Autorin** hat das Buch geschrieben.
Der **Verlag** hat das Buch hergestellt.

1 Ergänze die Angaben zum Buch.

Titel:

Autorin:

Verlag:

9 Lieblingsbücher vorstellen

1 Lies, wie du ein Buch vorstellst.

- Nimm ein Blatt Papier.
- Falte es in der Mitte.
- Schreibe außen
  Lieblingsbuch von …
  auf.
- Schreibe innen
  Infos zum Buch auf,
  wie Pia es gemacht hat.

So kannst du innen schreiben

Titel:
Nick muss keine Angst mehr haben

Autor:
Achim Bröger

Hauptfiguren:
Nick und seine Schwester Nele

Das passiert im Buch:
Immer wenn Nick und Nele
Angst haben,
wissen sie sich zu helfen.

Diese Stelle hat mir am besten gefallen:
Nele hat ihre Mama im Kaufhaus verloren.

9 Den Autor Stefan Gemmel kennenlernen

1. Stefan Gemmel ist Autor vieler Bücher für Kinder. Lies die Fragen und Antworten.

2. Verbinde passend.

Warum schreiben Sie Kinderbücher?

Wie laufen Ihre Lesungen ab?

Haben Sie einen Spitznamen?

Haben Sie Tiere?

Wie heißt Ihr Lieblingstier und was ist Ihre Lieblingsfarbe?

Mein Spitzname ist Blubb, weil ich der beste Schwimmer meiner Schule war.

Meine Haustiere heißen „Schnürsenkel“ und „Doppelknoten“. Es sind Schlangen.

Meine Lieblingsfarbe ist kunterbunt und mein Lieblingstier ist ein Schokoladenhase.

Bei meinen Lesungen sitze ich nicht nur da, sondern stehe vor meinen Zuhörern, fuchtele mit den Armen und krächze wie ein Rabe oder piepse wie eine Maus.

Ich mag Kinder sehr gerne und habe ständig den Kopf voller Geschichten.

9 Ein Buch von Stefan Gemmel kennenlernen

1 Lies den Text.

Winnewuff und Old Miezecat

Ein Hund, ein Kater und eine Maus erleben Abenteuer wie im Wilden Westen. Alles beginnt mit einer geheimnisvollen Schatzkarte.

Nachdem der Hund Winnewuff und der Kater Old Miezecat die Schatzkarte gemeinsam genauer angeschaut hatten, kamen beide zu dem Schluss, dass die Karte echt sein müsse. Es waren Ohrringe und glitzernde Goldketten darauf abgebildet und in der einen Ecke prangte sogar ein richtiger Stempel! Es bestand also kein Zweifel: Die Karte war echt! Sie war zwar schon alt, doch die eingezeichneten Straßen waren noch gut zu erkennen: Der Schatz war in dieser Stadt versteckt, genauer: im Glitzerweg 22, gleich hinter dem Industriegebiet.

Stefan Gemmel

2 Zeichne eine Schatzkarte, die zum Text passt.

9 Ein Lesemagazin basteln

1 Lies die Anleitung und bastle ein Lesemagazin.

So bastelst du ein Lesemagazin

Du brauchst:
- 2 DIN-A4-Blätter
- ein Band
- Stifte

So geht's:
- Falte die DIN-A4-Blätter in der Mitte.
- Lege sie so ineinander, dass ein kleines Heft entsteht.
- Die Blätter kannst du mit dem Band zusammenhalten.
- Auf das Deckblatt schreibst du **Lesemagazin von** und deinen Namen.
- Schreibe auf jede Seite eine Überschrift.
  1 Diese Bücher kenne ich vom Vorlesen:
  2 Diese Bücher habe ich gelesen:
  3 Das lese ich gern:
  4 Diese Bücher habe ich vorgestellt:
  5 Meine Besuche in der Bücherei:

2 Mache regelmäßig Notizen zu Büchern in deinem Lesemagazin.

9 Textausschnitte Buchtiteln zuordnen

1 Lies die drei Texte.

1 Er schaute in einem Buch nach, wie man eine Rakete baut.
Es klang ganz leicht: eine kleine Flaschenbürste, ein bisschen Schießpuder, ein paar Knallkröten und eine Prise Pfeffer.
Hugo baute zwei Raketen für die roten Stiefel. Fertig!
„Schick“, sagte Hugo. „Ab sofort bin ich Superhugo.“

2 Die Königin schenkte ihr ein rosa Kleid und silberne Schuhe.
„Nein, ich will schwarze Lederhosen und schwarze Stiefel und einen silbernen Gürtel!“, sagte Lieschen Radieschen.
„Und einen Umhang wie Zorro!“

3 Sie hatte etwas sehr Feines gekocht: gedünstete Matratzenfüllung mit Mörtelsoße, gehackte Jogurtbecher auf Fischgräten-Salat und als Nachspeise gibt es heißes Glühbirnen-Kompott.
Olchi-Babys Bauchweh ist inzwischen auch verschwunden.

2 Ordne die Texte den Bildern zu.

9 Zwischen spannenden Büchern wählen

1 Sucht in jedem Absatz die spannendste Stelle. Unterstreicht die Zeilen.

Ellika horchte in der Wohnung herum. Am deutlichsten war das Klopfen in Mamas Arbeitszimmer zu hören. Sie schob einen Bücherstapel aus dem Weg und legte ein Ohr an die Wand. Tatsächlich, von dort drüben kam es. Sie schlich in den Flur und von dort ins Treppenhaus. Blieb kurz stehen und horchte – wummwummmwumm …

Åsa Lind

In dieser Nacht schlief Felline schlecht. Sie träumte einen seltsamen Traum. Ihr Körper wurde dicker und dicker, die Pfoten größer … was für Krallen! Und was geschah mit ihrem Fell? Felline hatte sich in einen Gruselhund verwandelt.

Martin Baltscheit

Immer wieder hörte der Professor das Ei ab. Endlich – nach vielen Tagen – vernahm er etwas. Das Ei fing an zu wackeln. Es schwankte. Es zitterte und bebte. Die Spannung wurde fast unerträglich. Plötzlich bekam das Ei einen Riss. Ein Stück Schale sprang ab.

Max Kruse

2 Erkläre und begründe einem Partnerkind, welches der drei Bücher du am liebsten lesen würdest.

9 Die Bücherei stellt sich vor

1 Lies, was Frau Lehmann über die Bücherei sagt.
Trage die Wörter passend ein.

Krimis	spielen	~~ausleihen~~	hören	Fußboden

„Bei uns gibt es etwa 2000 Bücher für Kinder und Jugendliche. Du kannst sie für vier Wochen ausleihen.

In den Regalen sind die Bücher geordnet. Bei Erzählungen findest du Bücher über Abenteuer, Bücher über Freundschaft, lustige Comics oder auch ______________.

Bücher über Tiere, Fahrzeuge oder Sport stehen bei den Sachbüchern. Bilderbücher sind in großen Kästen auf dem ______________.

In unserer Bücherei findest du viele CDs und DVDs, Videos und Zeitschriften. Es werden auch Spiele angeboten. Du kannst sie mit nach Hause nehmen oder direkt bei uns ______________.

Alle zwei Wochen wird dienstags in der Bücherei vorgelesen. Dann können Kinder ab fünf Jahren lustige oder spannende Geschichten ______________.

9 Verschiedene Medien kennenlernen

1 Lies den Text.

Das Sams im Buch und Film

Paul Maar schreibt tolle Bücher für Kinder.
Er hat sich das kleine, freche Sams ausgedacht.
Es gibt Bücher und Hörspiele über das Sams
und sogar einen Film.

Doch wie kann das Sams in einem Film
mit Schauspielern dargestellt werden?

Die Schauspielerin Christine Urspruch
ist nur 1,32 Meter groß. Sie übernahm diese
Rolle im Film. Jeden Tag zwängte sie sich
in einen blauen Taucheranzug,
der extra angefertigt worden war.
Der Taucheranzug ließ sich sogar aufblasen.
Er brachte in der Szene im Kaufhaus
die Herrenanzüge zum Platzen.

9

Eine Maskenbildnerin arbeitete jeden Morgen zwei Stunden am Rüssel, an den Haaren und an der Schminke.
Bis zu drei Nasen und Ohrenpaare wurden pro Tag benötigt.

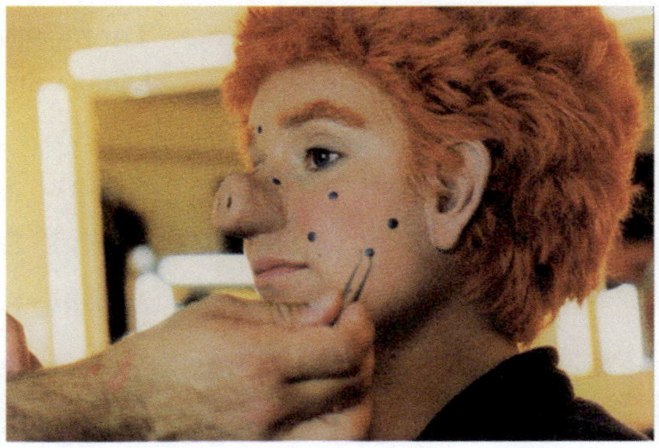

Aus Marzipan und Zuckerguss wurden die Papierkörbe, die Teller und die Seife hergestellt.
Das Sams konnte so immer wieder hineinbeißen.

In einer Szene wünscht sich Herr Taschenbier den Nordpol in sein Zimmer.
Dafür brachte ein Spezialist den Eisbären Polaris mit.
Während der Dreharbeiten musste der Eisbär mit geschälten Apfelsinen und kleinen Kuchen bei Laune gehalten werden.

2 Möchtest du den Film sehen oder das Buch lesen?
Tauscht euch darüber aus.

Einsterns Schwester 2
leicht gemacht

Themenheft 4
Lesen

Herausgegeben von: Roland Bauer, Jutta Maurach

Erarbeitet von: Martina Schramm, Susanne Semelka

Redaktion: Martina Schramm, Sabine Gerber

Illustration: Yo Rühmer, Frankfurt am Main

Umschlaggestaltung: Cornelia Gründer, agentur corngreen, Leipzig

Layout und technische Umsetzung: lernsatz.de

www.cornelsen.de

1. Auflage, 3. Druck 2019

Alle Drucke dieser Auflage sind inhaltlich unverändert und können im Unterricht nebeneinander verwendet werden.

Druck: Parzeller print & media GmbH & Co. KG, Fulda

ISBN 978-3-06-084281-0

Dieses Heft ist Bestandteil des Pakets „Einsterns Schwester 2 leicht gemacht“ (ISBN 978-3-06-084277-3) und kann auch einzeln bestellt werden.
Das Paket ist auch als E-Book erhältlich (ISBN 978-3-06-084297-1).

PEFC
PEFC/04-31-1308

PEFC zertifiziert
Dieses Produkt stammt aus nachhaltig bewirtschafteten Wäldern und kontrollierten Quellen.

www.pefc.de